W0464720

Abenteuerliebe – Geschichten von Weltreisenden

10 fesselnde Erlebnisse über Mut, Veränderung & purer Freiheit

Herausgegeben von
Carla Vollert

www.backpack-stories.de

1. Auflage 2020
Backpack Stories

Abenteuerliebe – Geschichten von Weltreisenden
10 fesselnde Erlebnisse über Mut,
Veränderung & purer Freiheit

Copyright © 2020 Carla Vollert
Maybachstr. 102, 50670 Köln, Deutschland
carla@backpack-stories.de
www.backpack-stories.de

Alle Recht vorbehalten. Kein Teil dieses Werks darf in irgendeiner Form ohne schriftliche Genehmigung der Autoren reproduziert oder unter Verwendung elektronischer Systeme verarbeitet, vervielfältigt, übersetzt, verbreitet oder öffentlich zugänglich gemacht werden.

Lektorat: Management Support - Jean Bernsee
Umschlaggestaltung: Malena Harig | www.malena-harig.de
Coverbild: Kun Fotografi | www.pexels.com

Bilder: alle Bilder dieses Buches sind privat und
mit freundlicher Genehmigung der Urheber

ISBN: 9798563110359

Dieses Buch ist für Marleen

Auf dass du als kleine, bezaubernde
Abenteurerin selbst viele
spannende Geschichten erlebst
und mit offenem Herzen die Welt &
ihre wundervollen Menschen entdeckst!

BACKPACK STORIES

VORWORT

Wie oft hast du schon den Mut gefasst, ein verrücktes Abenteuer zu wagen?

In diesem Buch steckt ganz viel Abenteuer von Weltreisenden, die den Mut hatten, loszuziehen. Nicht immer wissen wir, wie ein Tag auf Reisen zu Ende geht und was uns an der nächsten Ecke erwartet. Kleine Entscheidungen können eine große Veränderung bewirken.

Diese 10 Abenteuergeschichten sollen ein Beispiel dafür sein, was auf dich wartet, wenn du dich traust loszugehen und dich darauf einlässt. Dieses Buch ist eines aus der *Backpack Stories*-Buchreihe. Auch in den anderen Büchern erwarten dich viele weitere spannende Reiseabenteuer aus aller Welt.

Vielen Dank, dass du uns bei unseren Erlebnissen begleitest. Ich wünsche dir viel Spaß beim Lesen!

Carla Vollert

Meine Unterstützung für dich

Kostenlose Zusatzinhalte zum Buch auf der Webseite

Hast du Lust auf eigene Abenteuer? 2016 habe ich die *Backpack Stories* gegründet. Alles fing an mit Live-Events vor Ort in Köln. Daraus ist schnell auch der *Backpack Stories Podcast* entstanden, bei dem du viele Erlebnisse von den unterschiedlichsten Reisen aus aller Welt hören kannst. Von Reisenden – für Reisende. Seit 2018 sind viele weitere Bücher erschienen, die dich aus dem Alltag entfliehen lassen. Durch die Corona-Zeit 2020 gibt es dazu noch das *Backpack Stories TV*. Das sind Online Reisevorträge, die du dir jederzeit von überall aus anschauen kannst, um dein Fernweh zu stillen oder neue Reisepläne zu schmieden.

Mein Ziel mit den *Backpack Stories* ist es, dir diese wunderschöne Welt zu zeigen und dich zu inspirieren, selbst loszuziehen. Solltest du dir mit dem Reisen noch unsicher sein, Hilfe bei der Auswahl deiner Reiseziele benötigen, eine Packliste für deinen Backpack suchen oder dich über Unterstützung beim Sparen für deine (Langzeit-)Reise freuen, dann schau unbedingt auf meiner Webseite vorbei.

Hier habe ich einige Tipps und Tricks als praktische Listen und PDFs für dich erstellt, die dich bei deiner Reise und der Vorbereitung bestens unterstützen.

Schau jetzt direkt rein und lade dir das passende Dokument herunter:
www.backpack-stories.de/fuer-dich

KAPITEL 1

Auf 10-tägiger Safari unter Löwen

von Svea Pogunkte & Gerrit Ufer

» Not all those who wander are lost «

- *J.R.R. Tolkien*

Nach drei Monaten auf Weltreise um die Südhalbkugel, entschieden wir uns für ein Abenteuer in der Wildnis. Zuvor hatten wir in Südafrika das grüne, aber doch noch sehr europäische Afrika erlebt und lieben gelernt. In Namibia waren wir fünf Wochen, mit dem Geländewagen und Dachzelt, quasi nur in der Wüste unterwegs, was eine faszinierende Erfahrung war.

Vor allem war es der Traum von Gerrit, einmal all die exotischen Tiere in freier Wildbahn zu erleben. In beiden Ländern waren wir auch auf kurzen Safaris, aber eher in kleineren Parks in Addo, Etosha und Caprivi und „geschützt" im Auto.

Nun dachten wir, genug akklimatisiert, jetzt sind wir bereit für mehr Abenteuer und richtige Wildnis. Deswegen sind wir schließlich auf diesem Kontinent, wir wollen die einmalige Tierwelt hautnah erleben, ohne Zäune.

Ein besonderes Abenteuer sollte es werden: eine Safari in Botswana mitten durch den Busch und durch eine der wildreichsten Regionen Afrikas, dem Okavango Delta mit dem angrenzenden Chobe-Nationalpark und dem Moremi Game-Wildreservat. Alles auf eigene Faust durchzuführen, trauten wir uns dann aber doch noch nicht zu. Gerade die Gegenden, die wir in Botswana bereisen wollten, sollen für Selbstfahrer extrem anspruchsvoll sein. Die Orientierung ist ohne Ortskenntnisse fast unmöglich.

Natürlich hatten wir lange überlegt, ob unser Budget eine solche Tour überhaupt hergab. Denn gerade Botswana gilt als eines der teuersten Länder in Afrika. Nach reichlicher Recherche fanden wir schließlich einen Anbieter, der uns, für einen noch vertretbaren Preis, eine geführte 10-tägige Zeltsafari von Kasane nach Maun anbot. Als wir dann den kompletten Reisepreis im Voraus über ein uns unbekanntes Bezahlsystem überweisen sollten, waren wir schon etwas skeptisch, aber ein Zurück gab es für uns nicht. Wir waren Feuer und Flamme und freuten uns riesig auf das Abenteuer.

Nach den Wochen in Namibia war es dann soweit. Unseren Geländewagen, unser geliebtes Zuhause für fünf Wochen, gaben wir nach dem Grenzübertritt in Kasane ab. Von der kleinen Stadt an der Grenze zwischen Namibia und Botswana, sollte unsere Zeltsafari starten.

Am Morgen holte uns unser Guide mit einem breiten Grinsen und guter Laune ab. Bei einem kurzen Snack warteten wir auf unsere Mitfahrer, auf die wir schon gespannt waren. Bei einer solchen Reise hängt schließlich auch immer viel von der Gruppe ab. Wir hatten Glück, denn unsere Gruppe war klein und bestand nur aus insgesamt fünf Personen. Neben einem lieben deutsch-französischen Paar, war noch eine quicklebendige Französin dabei.

In Kasane starteten wir mit einer Bootsfahrt auf dem Chobe River. Dieser bildet auch gleichzeitig die Grenze zwischen Namibia und Botswana. Den Tieren sind aber glücklicherweise keine Grenzen gesetzt, da sich die Länder darauf verständigt haben, keine Grenzzäune zu errichten. So können die Tiere ihre natürlichen Wander- und Futterwege ungestört nutzen. Da in Botswana ganzheitlich Jagdverbot gilt, sind allerdings besonders viele Tiere in Botswana.

Das Gebiet um Kasane und dem Chobe River war direkt ein Highlight der Safari. Durch die großen und regelmäßigen Wassermengen des Flusses herrscht ein Überangebot an Futter. Dies lockt große Herden vor allem von Elefanten, Büffeln und Flusspferden an. Aufgrund der großen Tiervorkommen konnten wir hier auch einige Beobachtungen machen, die sonst eher unüblich sind. Flusspferde, die tagsüber aus dem Wasser kommen, um zu grasen oder Elefantenherden, die durch den Fluss zu Inseln schwimmen, um dort ungestörter zu sein.

Die große Anzahl der Tiere war beeindruckend. Mit dem Boot konnten wir ihnen auch sehr nahekommen, ohne sie zu stören. Wir sahen Wasserbüffel, Krokodile, verschiedene Antilopen und viele Vögel.

Nach der Bootsfahrt stiegen wir auf einen offenen Jeep um und fuhren zu unserem ersten Nachtlager mitten im Chobe-Nationalpark. Als wir ankamen war es schon dunkel, aber die Zelte waren von der Safari Crew aufgebaut und mit Kerzen in eine tolle Stimmung gebracht worden. Das Lagerfeuer knisterte und wir warteten mit einem Glas Wein auf das Abendessen. Nach dem Essen fielen wir müde in unsere Feldbetten.

Wirklich schlafen konnten wir in den ersten Stunden aber nicht. Das Gefühl mitten im Park, nur durch eine dünne Zeltplane von der Außenwelt und den wilden Tieren getrennt zu sein war schon komisch. Was passiert, wenn nachts Tiere in unser Lager kommen. Unsere Guides hatten uns gewarnt, nachts das Zelt zu verlassen, das sei zu gefährlich.

So lagen wir in unserer ersten Nacht noch lange

wach, schauten uns bei jedem Geräusch erst mal an und lugten vorsichtig, durch die nur mit Mückennetzen „gesicherten“ Fenster, in die Dunkelheit nach draußen. Bei der Fahrt hierher hatten wir keine Raubtiere zu Gesicht bekommen, jetzt nachts wurden sie aber richtig aktiv. Das Brüllen der Löwen war zunächst weit entfernt zu hören, kam aber immer näher. Auch nachdem wir eingedöst waren, wachten wir immer wieder auf. Wenn Löwen so brüllen, dass du denkst sie stehen neben dir, ist es schon aufregend.

Jedes Zelt hatte ein mobiles „Badezimmer‘ direkt nebenan, was durch zusätzliche Zeltplanen abgeschirmt war. Ein Gang zur Toilette sei daher unbedenklich. Wir sollten aber dennoch immer kurz vorher aus dem Zelt schauen, ob sich auch kein Tier durch die Zeltplane gemogelt hatte. Ein Toilettengang mit Löwengebrüll ist aber dennoch etwas Besonderes. Es ist in den Zeltlagern auch nicht unüblich, dass nachts viele Tiere „zu Besuch“ kommen, um zu sehen, ob etwas Essen zu stehlen ist. Darunter Hyänen, Honigdachse oder Elefanten. Wir hatten in unseren 10 Nächten regelmäßig Hyänen und Honigdachse im Camp. Einen Abend stand sogar ein Hippo neben dem Zelt. Alles ist aber letztendlich ungefährlich, solange man in seinem Zelt bleibt.

Noch vor den ersten Sonnenstrahlen standen wir auf, um mit dem ersten Licht das Camp zum *Morning Game Drive* zu verlassen. Üblicherweise sind alle Tiere, vor allem die Raubtiere, eher morgens oder spät abends auf Futtersuche. Somit ist die Chance auf viele und gute Tiersichtungen höher, wenn man zeitig losfährt. Ausschlafen ist auf einer Safari also nicht. Jeden Tag war

Aufstehen zwischen 05.30 Uhr und 06:00 Uhr angesagt. Das hört sich zunächst nach kurzen Nächten an, wir müssen aber auch sagen, dass wir jeden Abend spätestens um 21:00 Uhr im Bett lagen, da die Tage lang und anstrengend sind. Auf der Safari haben wir also dennoch ausreichend Schlaf bekommen.

Auf den morgendlichen Game Drives, so werden die Fahrten mit dem Jeep genannt, hatten wir die besten Sichtungen, vor allem was Raubtiere betrifft. So konnten wir in unseren 10 Tagen insgesamt an die 40 Löwen beobachten. So etwas hatte unser Guide auch noch nicht erlebt. Nicht nur die pure Anzahl der Tiere war gigantisch, auch konnten wir diese in ganz unterschiedlichen Situationen beobachten.

An einem Tag erlebten wir eine Jagd auf ca. 50 Büffel. Es war spannend zu sehen, wie das Rudel sich organisierte, um Beute zu machen. Von mehreren Seiten umkreisen einzelne Löwen die Büffelherde, um diese aus dem Konzept zu bringen und nach Möglichkeit eines der Tiere zu isolieren. Auch die Reaktion der Büffel war toll zu beobachten. Die ganze Herde stand eng zusammen, außen die großen, kräftigen Männchen. Büffel gehören zu den aggressivsten und gefährlichsten Tieren. Manche Guides geben ihnen auch den Namen *Face without Fear*. Das konnte man bei dieser Jagdszene gut nachvollziehen. Die großen Männchen attackierten die Löwen immer wieder initiativ. Die Löwen haben natürlich Respekt vor der Masse und der Kraft der Büffel, so dass immer wieder ein Hin und Her zwischen Jägern und Gejagten stattfand. Über eine halbe Stunde versuchten sich die Löwen, schlussendlich ohne Erfolg.

Die Büffelherde zog weiter und die Löwen zogen sich zurück.

An zwei weiteren Tagen hatten wir das Glück, die Löwen mit Nachwuchs zu sehen. Die Kleinen spielten untereinander, kletterten Bäume hinauf und ärgerten die Großen. Es war eine wahre Freude diese großartigen Geschöpfe in ihrer natürlichen Umgebung zu erleben und die Interaktionen untereinander beobachten zu können. Für uns sehr soziale Tiere, die aufeinander achten.

Dabei konnten wir ihnen auch unglaublich nahekommen. Teilweise lagen nur zwei Meter Entfernung zwischen uns. Den Katzen direkt in ihre wunderschönen Augen zu schauen, machte uns so dankbar. Sie blicken auch sehr neugierig zurück und man spürt, wie sie überlegen, was wir sind. Angst kam eigentlich nie auf, da wir im Jeep sehr sicher waren. Die Tiere verbinden mit den Autos weder Gefahr noch Futter. Nur einmal, als eine Löwin allzu neugierig schaute und dem Jeep auch einige Meter folgte, war es doch ein mulmiges Gefühl. Wir dachten kurz, dass diese Löwin drauf und dran war, mal in den Jeep zu springen, um zu sehen, was da so los ist.

Jeden Tag beobachteten wir Elefanten, Zebras, Giraffen, Antilopen, Affen, Krokodile, Wasserbüffel, Vögel und viele andere Tiere. Die ganze Bandbreite der afrikanischen Tierwelt begrüßte uns täglich. Viele der Tiere konnten wir aufgrund der Jahreszeit mit Nachwuchs erleben, was diese Safari für uns nochmal ganz besonders gemacht hat.

Auch die Art des Reisens ist toll. Wir

übernachteten maximal zwei Nächte an einem Ort und fuhren dann weiter. So konnten wir in kurzer Zeit unglaublich viele unterschiedliche Landschaften dieser großen Region entdecken. Die Unterschiede sind teilweise extrem: wassergetränkte Flussabschnitte, dichtes grünes Unterholz oder weite Steppenlandschaften waren zu sehen. Es war neben der unfassbaren vielfältigen Tierwelt ein weiteres Highlight, auch diese unterschiedlichen Vegetationen in uns aufzusaugen.

Ehrlicherweise müssen wir erwähnen, dass die Safari auch sehr anstrengend war. Jeden Tag stundenlang im Jeep zu sitzen, auf Überbrückungsetappen teilweise zwischen 8 bis 10 Stunden, zehrt schon sehr am Sitzfleisch. Daher waren wir froh, dass nach 10 Nächten wieder ein normales Bett auf uns wartete.

Ein wenig Abwechslung erhielten wir aber durch eine weitere Bootsfahrt sowie einer Kanufahrt, die wir zu zweit mit einem Guide machten. Dabei waren die Hippos nicht weit von uns entfernt und wir entdeckten sogar einen Jaguar am Flussufer. Gegenüber einem kleinen Flussufer, wo wir eine Snackpause einlegten, lag ein verletzter Elefant. Aufgrund einer Verletzung am Hinterbein konnte dieser nicht mehr aufstehen. Unser Guide erzählte uns, dass dieser verenden wird und sicherlich am Abend die Raubkatzen vorbeikommen werden. Auch das ist das tägliche Leben der Wildnis und auch wenn es kein schöner Moment ist, ist es ein sehr Einprägsamer.

Am letzten Safaritag hatten wir noch ein Erlebnis der ganz besonderen Art, von dem wir euch gern aus beiden

Perspektiven erzählen möchten.

Auf der letzten Etappe, kurz vor unserem Nachtlager, hatten wir einen Platten. Nicht unüblich, da die Straßenverhältnisse in den Parks teilweise heftig sind und glücklicherweise keine Teerstraßen, sondern natürliche Wege. Als wir gemeinsam den Ersatzreifen montierten, mussten wir feststellen, dass dieser kaum Luft hatte. Eine Weiterfahrt war damit somit unmöglich. Einen Kompressor hatten wir nicht dabei. Das Satellitentelefon wurde ausprobiert, welches allerdings auch kaputt war. Also was tun? Auf Hilfe von anderen Autos warten? Die Tageszeit war extrem ungünstig, da es mittags war. Auf der Strecke, auf der wir liegengeblieben waren, trifft man andere Autos eher morgens, diese fahren dann in den Park oder abends auf dem Weg heraus.

Letztendlich blieb dem Guide keine andere Möglichkeit als vorzuschlagen, zu Fuß zum Tor des Parks zu laufen, um dort Hilfe zu holen. Wir dachten nur, der will zu Fuß durch den Park? Ok, im Jeep waren wir ja sicher, aber zu Fuß den wilden Tieren zu begegnen, ist doch nochmal eine ganz andere Hausnummer.

Was ist, wenn er solch eine Begegnung auf dem Weg hat. Wäre es nicht besser zu mehreren unterwegs zu sein, um nicht direkt wehrlos und als leichte Beute zu erscheinen. Auch daher entschieden wir als Gruppe, dass er nicht allein laufen kann.

Gerrit‘s Fußmarsch durch den Moremi Nationalpark

Ich, Gerrit, bot mich an ihn zu begleiten und er war damit einverstanden. So gingen wir zwei dann los und ließen die anderen im Jeep zurück. Falls doch ein anderes Auto kommen würde, würden diese den Reifen aufpumpen und mich und den Guide unterwegs wieder auflesen.

Wie wir so über die staubige Straße marschierten, fragte ich den Guide, wie lang er den Weg zum Eingangsgate wohl schätzte. Er antwortete, dass es maximal zwei oder drei Kilometer entfernt sein müsste.

Puh, das war zum Glück ja wirklich nicht viel und wohl in unter einer halben Stunde machbar. Diese Aussicht ließ mir den Weg weniger gefährlich erscheinen. Wir unterhielten uns nicht wirklich viel. Ich suchte immer mal wieder das Gespräch, aber unser Guide war sehr schweigsam, was mir schon ein wenig zu denken gab.

Nach den ersten 30 Minuten kamen mir dann Zweifel zu den Kilometerangaben. Hin und wieder joggten wir ein kurzes Stück, aber kannte er wirklich die genaue Entfernung? Auf meine Nachfragen, wie weit es denn noch sei reagierte er immer ausweichender. Es keimte das Gefühl in mir auf, dass er es gar nicht wirklich wusste und der Marsch sein einziger Ausweg aus der Situation war.

Bisher hatten wir keine Tiere gesehen und mein anfängliches ungutes Gefühl nahm langsam ab. Es war eher wie ein gemütlicher Spaziergang durch den Wald auf einer staubigen Straße. Nach Blicken auf ebendiesen Staub, wurde mir dann aber doch wieder sehr mulmig.

In den bisherigen Safaritagen hatten wir auch ein wenig Spuren lesen gelernt. Und dass was ich hier sah, waren für mich eindeutig extrem frische und große Löwenspuren.

Meine Nachfragen, ob ich richtigläge, blieben auch nur vage beantwortet. All das ließ mich nicht unbedingt entspannt laufen. Ich malte mir schon aus, was wir tun oder wohin wir flüchten, wenn hier wirklich Löwen sind. Beobachteten sie uns etwa schon aus dem Dickicht heraus?

Der Weg zog sich immer weiter in die Länge. Nach jeder Kurve hoffte ich ein Zeichen von Zivilisation zu entdecken, wurde aber immer wieder enttäuscht. Unsere Joggingeinlagen wurden auch immer kürzer, da unser Guide nicht wirklich die Kraft zu haben schien, in der Sonne Tempo zu machen. Ich versuchte ihn ein paar Mal zu ziehen und zu ermuntern, aber das half nicht.

Schließlich gab ich das auch auf. Jetzt noch einen Herzinfarkt riskieren und ihn zu schultern oder liegen zu lassen, nein danke, das hätte jetzt noch gefehlt.

Die Gefahr bzw. die mögliche Anwesenheit der Löwen war mir in unserem Trott auch irgendwann egal. Konnte ich eh nicht mehr ändern, sollten sie doch kommen, dann würden wir schon sehen was zu tun ist. Zwischendurch begegneten wir einer kleinen Gruppe Impalas. Das war dann irgendwie sogar toll, die Tiere nicht aus dem Jeep raus zu beobachten.

Nach einer gefühlten Ewigkeit wurde der Guide aber nochmal ruhiger, wenn das überhaupt noch möglich war und etwas nervös. Er legte den Finger auf seine

Lippen. Ich hatte nichts gehört und befürchtete nun natürlich das Schlimmste.
Er deutete durch den Wald und ich erkannte zuerst nicht was er wollte. Schließlich sah ich sie. Um ein Wasserloch, keine fünfzig Meter von uns entfernt stand eine kleine Herde Elefanten.

Elefanten, ach ja, sind ja keine Fleischfresser könntest du jetzt denken. Also ungefährlich. Weit gefehlt, Elefanten können sehr aggressiv reagieren, besonders, wenn Nachwuchs anwesend ist. Mein ursprünglich ruhiges Herz schlug nun wieder schneller. Zurück war keine Option, wir waren jetzt schon über eine Stunde unterwegs, es ging nur Vorwärts, wenn wir Hilfe erreichen wollten.

Glücklicherweise stand der Wind uns entgegen, die Elefanten konnten uns schon mal nicht riechen. Wir mussten also nur „aufpassen", dass sie uns nicht sehen.

Möglichst leise und gleichzeitig schnell passierten wir das Wasserloch. Puh, die erste reelle Gefahr gebannt.

Mittlerweile waren wir schon fast zwei Stunden unterwegs. Der Guide neben mir schwitze und sah nicht wirklich gut aus. Ich hatte auch nur einen halben Liter Wasser dabei, da ich ja zu Anfang von maximal einer halben Stunde Weg ausgegangen war. Das wenige Wasser, was wir dabeihatten, lehnte er aber immer wieder ab. Vielleicht war er zu stolz es anzunehmen und wollte es ganz mir überlassen. Ich fand das irgendwie dumm, sagte aber nix, da ich merkte, wie ihm die ganze Situation immer unangenehmer wurde.

Ich hatte es auch aufgegeben nachzufragen, wie lange es noch ist, er wusste es eh nicht. Somit gingen wir schweigend nebeneinander her. Ich hatte das Gefühl, dass wir ein unausgesprochenes Abkommen getroffen hatten, dass ich weiß, dass er etwas ahnungslos ist, wir das hier durchziehen und auch niemandem Offiziellen später hiervon berichten.

Endlich, nach sage und schreibe zweieinhalb Stunden, sah ich das Dach eines Gebäudes. Waren wir etwa endlich am Eingang, in Sicherheit und konnten Hilfe besorgen?

Wir nahmen die letzten wenigen Kurven und tatsächlich war Hilfe in Sicht. Aber anstatt schnurgerade auf das Ranger-Haus zuzugehen, brach der Guide nach links ins Unterholz. Was war denn jetzt dachte ich mir. Dann sah ich aber schnell, dass er zu einem Campingplatz etwas weiter weg vom Haus wollte.

Er wollte sich wohl nicht die Blöße geben, bei den Rangern um Hilfe zu bitten. Vielleicht wäre damit auch Ärger verbunden gewesen. Mit einem Gast oder auch allein durch die Wildnis hier zu spazieren, wird vermutlich nicht so gerne gesehen sein, dachte ich mir nur schmunzelnd. Mir war es egal. Hauptsache wir bekommen Hilfe, egal von wem.

Als wir durch das Unterholz brachen, staunte das Camper-Pärchen nicht schlecht. Was die sich wohl bei unserem Anblick gedacht haben müssen, möchte ich gar nicht wissen. Zum Glück hatten sie einen Kompressor dabei und fuhren uns sogar zurück zum Jeep. Eine halbe Stunde Fahrzeit später erreichten wir die anderen, die uns winkend und lachend, aber auch erleichtert empfingen.

Svea's Abenteuer am Jeep

Während Gerrit mit dem Guide los zog, blieb ich, Svea, mit den anderen Reisenden im Auto. Unser Guide hatte uns ausdrücklich verboten das Auto zu verlassen. Denn im Falle, dass Löwen oder andere Raubtiere vorbeikämen, würden diese mit dem Auto kein Futter in Verbindung bringen und wir wären somit sicher. Ob wir das glaubten? Wir redeten es uns jedenfalls ein und besprachen, was wir machen würden, wenn nun doch ein Löwe um das Auto umherschleicht und plötzlich ins Auto springen sollte. Sollten wir ihn mit den letzten Essensresten oder unserem Gepäck bewerfen? Oder einfach nichts tun und beten, dass dieses, von Natur aus sehr neugierige Tier, nur einen Blick riskieren will und dann wieder aus dem Auto hüpft? Unsere Gedanken waren sehr kreativ.

Nachdem wir dieses Thema abgehakt hatten und beschlossen über etwas Fröhlicheres zu sprechen, blieb unser Gesprächsstoff aber nur für ein paar Minuten beim heiteren Thema. Irgendwie drifteten wir schnell ab und überlegten ob Gerrit und unser Guide überhaupt Hilfe finden würden und wann. Oder ob sie nicht von Tieren angegriffen werden könnten. Wir legten uns eine Uhrzeit zurecht (nach ca. 1,5 h) und wenn dann noch keine Hilfe hier ist, dann würden wir… , ja was würden wir dann? Noch einen loslaufen lassen und wir Frauen wären allein in dem Auto?

Wir schmiedeten jedenfalls Pläne was wir machen würden, wenn wir die ganze Nacht allein in dem Auto bleiben müssten. Wir überlegten wer wo wie schlafen könnte und ob wir abwechselnd Wachdienst schieben sollten. Wir überlegten auch, ob es sicherer war auf dem Dach zu schlafen oder im Auto. Da das Auto offen war, war uns dies ein Rätsel.

Wir waren sicher, dass wir mit den restlichen Keksen und Knabberkram den Abend überstehen würden und keinen großen Hunger leiden müssten. Mehr hatten wir an Lebensmitteln nicht dabei. Das Wasser war knapp, aber wir hätten damit zurechtkommen können. Seitdem wir liegengeblieben waren, waren wir sparsam mit unserem Trinkwasser umgegangen.

Die für uns festgelegten 1,5 h waren vorbei und wir setzten uns eine neue Zeit. Nach 2,5 h, ja dann werden wir irgendwas tun. Nur was, wussten wir auch nicht.

Kein Auto kam an uns vorbei und wir saßen Mutterseelenallein mitten in der Pampa fest. Zum Glück verstanden wir uns prächtig und hatten auch einiges zu Lachen. So eine kuriose Situation passiert schließlich auch nicht alle Tage.

Plötzlich hörten wir Geräusche und bemerkten ein Flugzeug am Himmel. Wir sprangen auf, stellten uns hin und lehnten uns aus dem Auto. Wie wild wedelten wir mit den Armen, in der Hoffnung man würde uns bemerken. Ob man uns überhaupt von dort oben sehen konnte, wussten wir nicht. Aber so macht man es doch immer in Filmen, also warum nicht auch wir?

Wir kamen auch auf die Idee auf die Straße mit Steinen ein ‚S.O.S' oder ‚help' zu schreiben, aber dafür hätten wir erstmal Steine und Stöcke im Busch suchen müssen. Nach 2 Stunden drückte langsam die Blase und wir entschieden uns gegen die Ansage unseres Guides das

Auto zu verlassen. Wir dachten aber, dass es sicherer sei, wenn wir alle aus dem Auto steigen würden. Vermutlich dachten wir, dass so viele Leckerbissen seltener angegriffen werden als ein Leckerbissen allein. Das Pinkeln im Busch, ca. 4 m vom Auto entfernt, wird ganz sicher das aufmerksamste Pinkeln in unserem Leben sein. Wie ein Adler graste ich meine Umgebung ab und versuchte jedes Rascheln der Äste zu deuten.
Wieder am Auto tat es ganz gut, die Beine zu vertreten und nicht wieder ins Auto zu steigen. Wir waren euphorisch und redeten uns weiter ein, das Löwen jetzt ja gar nicht unterwegs seien. Also standen wir vor dem Auto und quatschen. Und plötzlich hörten wir wieder das Flugzeug über uns. Wir dachten das es unsere Chance sei. Wir winkten und hüpften und riefen was das Zeug hält. Sicherlich ein Bild für die Götter.
Langsam, aber sicher machten wir uns wirklich Sorgen um Gerrit und unseren Guide. Laut dem Guide war es doch gar nicht weit bis zum nächsten Parkeingang. Hatte er sich wirklich so sehr verschätzt? Ich hoffte wirklich, dass Gerrit nichts passiert ist und die Beiden endlich mit Hilfe um die Ecke kommen.
Nach 3 Stunden sahen wir ganz weit entfernt ein Auto auf uns zukommen. Wir sprangen ins Auto, da wir ja wussten, dass es verboten war draußen zu sein. Aus unserem Auto winkten wir dem Auto zu und als es anhielt und Gerrit und der Guide ausstiegen, waren wir alle extrem erleichtert und ich ganz besonders.
Keine 2 Minuten später kam auch ein Auto von hinten, was einen Kompressor dabeigehabt hätte. So etwas nennt man dann wohl Ironie des Schicksals.

Wir pumpten den Reifen auf und konnten das letzte

Camp sicher erreichen.

Da nichts passiert ist, ist dies letztendlich eine schöne Lagerfeuergeschichte, die wir später unseren Familien, Freunden und evtl. mal Kindern erzählen können.
An unserer Endstation in Maun, gönnten wir uns einen Rundflug über das weltberühmte Okavango Delta. Wir hatten eine Maschine ganz für uns allein, ein Mini-Drei-Sitzer in dem alles rappelte und es extrem laut war. Dennoch war der Flug erstaunlich ruhig. Bis auf den Moment, wo von unten ein großer Vogel auftauchte und der Pilot die Maschine ruckartig nach oben zog. Zum Glück hatten wir vorher nichts gegessen, denn sonst hätten wir vermutlich das Flugzeug danach reinigen müssen. Kurz wurde uns bewusst, dass bei so einer kleinen Maschine ein Vogel ein großes Unglück herbeirufen könnte.
Leider war das Delta sehr ausgetrocknet, da es in der ganzen Region in diesem Jahr extrem wenig Regen gegeben hatte. Anfangs fragten wir uns, wie weit wir denn fliegen müssten, um die überfluteten Gebiete zu sehen. Nach einiger Zeit tauchten dann so langsam die wenigen wasserüberfluteten Flächen auf. Zwar etwas anders, als wie wir uns das vorgestellt hatten, aber dennoch sehr schön. Wir konnten einige große Herden von Wasserbüffeln und Elefanten aus der Luft sehen. Es war eine sehr schöne Erfahrung diese tolle Region und die großen Herden aus der Luft zu erleben. Sollte das Delta voll sein, ist es sicher ein noch unvergesslicherer Anblick.

Svea ist 31 Jahre jung und in Bremerhaven aufgewachsen. Als Küstenkind sollte man meinen, sie mag eine kalte Brise. Weit gefehlt, denn gleich nach dem Abi zog sie nach Köln, da die kölsche Frohnatur so gut zu ihr passt und sie auf besseres Wetter hoffte. Vermutlich wollte sie daher auch die Südhalbkugel bereisen, um es immer mollig warm zu haben.
Sie ist quirlig und will am liebsten alles auf einmal machen. Sie ist gern draußen in der Natur, macht gerne Sport und liebt den Austausch mit Menschen, andere Kulturen und die Welt zu entdecken. Beruflich ist sie im Change-Management unterwegs und konnte für unsere Weltreise ein Sabbatical in Anspruch nehmen.

Gerrit fühlt sich mit 39 Jahren noch lange nicht dem alten Eisen zugehörig. Als Jung vom Dorf war er schon immer aktiv unterwegs. Er hat viel Fußball gespielt und auch sonst alle möglichen Sportarten ausprobiert. Er tobt gerne mit dem Board im Schnee oder erkundet beim Tauchen die Unterwasserwelten.

Er ist wohl eher der Ruhepol in unserer Beziehung und hat auch erst durch Svea seine Reiseleidenschaft entdeckt. Für unsere Weltreise hat er seinen Job als Niederlassungsleiter gekündigt und diese Entscheidung auch nie bereut. Wir sind nun seit über 8 Jahren ein Paar und die Weltreise hat uns trotz 24/7 noch enger zusammengeschweißt. Elli, unsere kleine Plüschelch-Lady, kam im ersten Jahr zu uns, als ein Präsent im Adventskalender für Svea. Seitdem begleitet sie uns auf fast allen Reisen und hat somit schon viele fantastische Ecken unserer wundervollen Welt gesehen. Auf unserer Internetseite berichten wir dir von unseren spannenden Abenteuern rund um die Südhalbkugel, um Dich für Reisen zu inspirieren und geben Dir Empfehlungen und Tipps für Deine Reise. Du findest hier vieles zu Afrika, Südamerika sowie Australien, Französisch-Polynesien und Neuseeland.
Auf Instagram findest du uns auch. Wir freuen uns auf deinen Besuch.

www.follow-elli.de **@follow.elli**

KAPITEL 2

Eine Nacht am Pik Lenin

von Anna Skora

» Abenteuer sind fantastisch,
es sei denn,
man erlebt gerade eines.«

Es ist finster und der eisige Wind bläst uns beinahe um. Ich versuche einen Fuß vor den anderen zu setzen und habe Mühe, bei starken Seitenböen das Gleichgewicht zu halten. Fallen sollte man hier nicht: Der relativ steile, schneebedeckte Hang endet unten im schwarzen Nichts. Es wird mühsam. Vom geschmeidigen Gehen, wie wir es alle kennen, kann man in unseren maximal isolierten, kniehohen Stiefeln und lückenlos eingepackt in die Daunenkleidung nur träumen.

Plötzlich beugt sich Basti nach vorn: Geht es ihm schlecht oder hustet er nur? Ich halte an und schaue im Licht der Stirnlampe zu ihm rüber. Zu ihm zu gehen oder gegen den Wind zu rufen wäre jetzt zu anstrengend. Doch trotz der dicken Jacke, kriecht die Kälte bald unter die Haut und nach einem kurzen Handzeichenwechsel steigen wir beide etwas ab und besprechen im Windschatten des Grats unsere Lage. „Kalt und einsam wird es werden" haben uns russische Betreiber des Basislagers gewarnt, bevor sie in die Winterruhephase gingen. Diese Worte frästen sich unangenehm ins Bewusstsein – wer, wenn nicht sie, kennt sich damit aus? Doch der Pik Lenin an der kirgisisch-tadschikischen Grenze gilt als einer der einfachsten 7000er und wir sind im Bergsteigen keine Anfänger. Wir haben uns soweit es geht vorbereitet und sind adäquat ausgerüstet – wir wollen es versuchen. Und so lehnen wir uns wieder gegen den Wind auf über 6000 m Höhe und steigen weiter hinauf.

Vor drei Wochen sind wir in Bischkek, der Hauptstadt Kirgistans, gelandet. Vom Flughafen einen Schlenker zum Hostel gemacht, wo unsere Grenzgenehmigungen zwischengelagert werden sollten, doch natürlich waren sie trotz des Antrags vor 3

Monaten noch nicht da. Nach mehreren Telefonaten und dank dem freundlichen Hostelbesitzer war dies geregelt und wir stiegen in ein Sammeltaxi nach Osch, die zweitgrößte Stadt Kirgistans, im Süden des Landes, ein. Dreizehn Stunden dauerte die (nicht immer positiv) aufregende Fahrt, bis wir in Osch todmüde ins Bett fielen. Nach 1-2 weiteren Tagen in dieser gastfreundlichen zentralasiatischen Metropole ging es über den beeindruckenden Pamir Highway endlich ins Pik Lenin-Basislager.

Dort zogen gerade die letzten Menschen ab, von der üppigen sommerlichen Infrastruktur nur Skelette der Großraumzelte stehen lassend. Die erste Herausforderung war es, unsere rund 50 kg Gepäck pro Person, darunter Essen und Gas für einen ganzen Monat, irgendwie ins sogenannte vorgeschobene Basislager auf 4200 m zu schaffen. Dafür teilten wir die Strecke in kleine Abschnitte und liefen jeden zweimal. Trotzdem wurde es anstrengend und wir brauchten über 3 Tage für eine Distanz, die man mit leichtem Gepäck an nur einem Tag zurücklegen würde.

Sehr traurig waren wir über diese Langsamkeit jedoch nicht. Zum einen hatten wir so genügend Zeit, uns Schritt für Schritt an die Höhe zu gewöhnen. Zum anderen konnten wir die atemberaubende Natur mit ihren leuchtenden Herbstfarben, tausenden Edelweißen auf den Wiesen und den gewaltigen weißen Bergriesen des Pamir-Gebirges um uns herum sehr intensiv wahrnehmen und genießen. Und auch dieser Typ, den ich einst nur für diese eine Reise kennen lernen wollte, bedeutete mir inzwischen mehr als alle Berge der Welt zusammengenommen und machte jeden einzelnen gemeinsamen Tag zu einem glücklichen Tag.

So kamen wir am Fuß des Berges an. Bauten unser kleines Lager an einem glasklaren, eiskalten Bach auf und erkundeten die umliegenden Hügel. Bereits hier auf 4200 m merkte man den reduzierten Luft- und somit auch den Sauerstoffpartialdruck: Die Bewegungen sind verlangsamt, der Appetit wird weniger, der Schlaf unruhiger. Doch der Körper passt sich auf eine faszinierende Art und Weise an und nach einigen Schlechtwetter- und Erkältungstagen tasteten wir uns bis auf 5000 m Höhe vor. Und dann wurde es langsam Zeit, zum ersten Mal ins Lager 2 auf 5400 m zu steigen.

Höhen bis über 6000 m sind uns beiden bekannt. Auch ist der Weg ins Lager 2 technisch nicht schwer – zwar muss man etwas wegen der Gletscherspalten aufpassen, aber ansonsten ist es eine Wanderung. Allerdings fordern die 1200 m Höhenunterschied ihren Tribut und jeder Schritt kostet Kraft. Die Stiefel drücken, die Rucksäcke sind schwer und der zum Abend hin steigende Wind ungemütlich. Angekommen, füllte Basti noch heldenhaft den Zeltsack mit Eisbrocken voll und ich begann, sie in unserem 800 ml-Topf zu schmelzen.

Ein Hochlager ist ein Ort, an dem man möglichst gut und vor allem sicher (vor Wind, Steinschlag, Lawinen usw.) eine Nacht verbringen kann. An touristisch stark erschlossenen Bergen, wie dem Pik Lenin, kann man im Sommer auf 5400 m sogar Gaskartuschen und Erfrischungsgetränke kaufen. Jetzt im Herbst ist es ein abweisender, zugiger und leider nicht besonders sauberer Ort. Eine Wahl hatten wir nicht: Wir waren hundemüde, es dämmerte und eine bessere Zeltmöglichkeit gab es weit und breit nicht. Also bauten wir unser Zelt auf, rollten die Schlafsäcke und die Isomatten aus und schliefen trotz der Höhe tief und fest ein. Eigentlich planten wir, zur besseren Höhenanpassung hier 1-2 Tage zu verbringen, doch das Wetter wurde schlechter und nach nur einer Nacht stiegen wir wieder ab.

Was bedeutet für uns eigentlich schlechtes Wetter abzuwarten? Tage der Zweisamkeit auf unseren 2,5 m^2 des Zeltes, in dem man nicht einmal richtig sitzen kann. Seltene Ausflüge in Badelatschen durch den Schnee, um etwas Wasser zu holen oder wegzubringen. Ein E-Book auf dem Handy lesen, solange der Akku hält – ohne Sonne ist kein Wiederaufladen der Powerbank möglich. Der klingenden Stille eines Schneefalls lauschen, gerade mal 10 m Sicht im Nebel und viel, viel Zeit, um miteinander zu sprechen oder zusammen zu schweigen.

Als wir endlich wieder aufstiegen, meinten wir es ernst. Wir waren erholt und motiviert und hatten genügend Zeit und Essen, auf ein Wetterfenster zu warten. Es war immer noch etwas instabil und vor allem windig und da sowohl das Lager 3 auf 6150 m Höhe als auch die gesamte Gipfeletappe stark windexponiert sind, mussten wir vorsichtig sein. „Ihr dürft nicht bei starkem Wind im Lager 3 stecken bleiben“ - warnten uns Erfahrene davor. Das wussten wir auch selbst: Es ist nichts Seltenes, dass an diesem vermeintlich einfachen Berg Zelte vom Wind zerrissen und Leben gelassen werden.

Die ersten Tage lief alles gut. Der Aufstieg ins Lager 2 war bei weitem nicht mehr so anstrengend wie beim ersten Mal, wir fanden unsere Gas- und Essensvorräte dort, wo wir sie versteckt hatten und schliefen die Nacht auf 5400 m gut durch, was ein Zeichen für eine gute Höhenanpassung ist. Dann ging es eine Etage höher, zuerst ohne und dann, da es recht gut funktionierte, mit Gepäck. Der neue Zeltplatz war traumhaft: Breiter als der letzte, eben, ohne Menschenspuren und mit einer sagenhaften Aussicht in alle Richtungen. Endlich fühlten wir uns an diesem Berg zu Hause!

Am nächsten Tag wachten wir jedoch erneut im Schneefall auf, bei -19 °C im Zelt. Zeltwände und Schlafsäcke waren reifbedeckt, bei jeder Bewegung rieselte der Schnee von der Zeltdecke herab. Um den Wetterbericht zu erfragen, versuchte ich außerplanmäßig einen Freund per Satellitentelefon zu erreichen, doch unser Glücksengel schien an dem Tag nicht bei uns zu sein: Gerade erst eingeschaltet, verabschiedete sich das Hi-Tech-Ding mit einer Fehlermeldung auf Nimmerwiedersehen. Jetzt konnten wir nicht nur keine Wettervorhersage mehr abfragen, sondern hatten gar keinen Kontakt nach außen mehr.
Kein Kontakt – das bedeutete nicht einmal eine klitzekleine Chance auf Hilfe, wenn etwas schiefläuft. Das bedeutete aber auch, dass wir uns bei Familie und Freunden nicht melden konnten, welche sich nach ein paar Tagen Gedanken machen und vielleicht sogar Alarm schlagen würden. Und natürlich wussten wir nun nicht, an welchem Tag uns das Wetter erlauben könnte, diesen launischen Gipfel zu versuchen. Deswegen wurden wir noch defensiver und setzten uns eine Frist, wann wir wieder unten sein und uns zu Hause melden wollten.

Zwei Tage später – in der Zwischenzeit war es stets

stark windig – weckte ich Basti um 3 Uhr nachts. Er schaute unglücklich drein aus seinem vereisten Schlafsack und begann sich aus diesem herauszuschälen. Wir räumten im Zelt etwas auf, öffneten die Lüfter, durch die es nun Schneepulver ins Zeltinnere drückte und schmolzen fast zwei Stunden lang Schnee, um zu trinken und unsere Thermoskannen zu füllen. Ich fischte noch meinen Lieblingsschokoriegel aus den Tiefen des Schlafsacks – dort darf alles übernachten, was sonst bretthart frieren würde – und versuchte zu frühstücken, doch nicht einmal darauf (geschweige denn auf ein Müsli) hat man mitten in einer Nacht auf 6100 m Lust. Offen gestanden: Es gibt niemanden, der dieses nächtliche Aufstehen am geplanten Gipfeltag mag. Es sind genau die Augenblicke, in denen man sich sehnlichst in einen Montagmorgen auf der Arbeit wünscht…

Und nun stehen wir also 300 hm höher und tun so, als ob wir nicht weiterwüssten. Dreimal drehten wir bereits um, warteten im Windschatten des Grats etwas ab und bildeten uns ein, dass der Wind schwächer wird. Der letzte uns bekannte Wetterbericht, inzwischen eine Woche alt, versprach heute einen relativ ruhigen Tag, doch es bläst mit 60-70 km/h. Irgendwann beginne ich zu frieren und schließe mich Basti an, der sich eigentlich schon entschieden hatte und nur mir meine Zeit gab. Wir steigen ab.

Es wird ein langer und anstrengender Tag. Der zwischenzeitlich gefallene Schnee verwehte unsere alte Spur, die Lawinen- wie auch die Spaltenlage verschärften sich. Stundenlang schleichen wir hinunter, suchen einen Weg zwischen den Spalten, wärmen uns nach und nach auf und kommen irgendwann müde und durstig im Lager auf 4200 m an. Doch auch hier wartet eine unangenehme Überraschung auf uns: Unsere Wasserquelle ist aufgrund der Kälte dauerhaft versiegt. Es wird Zeit, nach Hause zu gehen. Am nächsten Tag packen wir unsere 90 l großen Rucksäcke randvoll, hängen den Rest, unter anderem einen Sack Müll, außendran und steigen ab.

„Wir steigen nicht auf Berge, um Gipfel zu erreichen, sondern um heimzukehren in eine Welt, die uns als neue Chance, als ein nochmals geschenktes Leben erscheint" – sagte die lebende Bergsteigerlegende Reinhold Messner. Man kann kaum in Worte fassen, wie emotional einen allein ein Grasbüschel, der erste seit Tagen im Schnee, werden lässt. Wir laufen durch rötliche Wiesen, vermissen die inzwischen schlafenden Murmeltiere, welche im Aufstieg noch fröhlich über die Hügel hüpften, atmen den Duft der Gräser ein und freuen uns, noch lebhaft fließende, nicht gefrorene Bäche zu sehen. Es gelingt uns, uns vom 4100 m hohen Pass-der-Reisenden per Handy ein Taxi zum nächsten befahrbaren Weg zu organisieren und so können wir wenige Stunden später einen letzten Blick auf den Pik Lenin werfen und in einen staubigen Wagen mit Allradantrieb einsteigen. Und dann gibt es eine erste Dusche seit 3,5 Wochen. Ein liebevoll zubereitetes einheimisches Abendessen. Ein Bett.

Von diesen Wochen, allein am Pik Lenin, werden wir noch lange zehren. Von der windigen, eiskalten Nacht weit jenseits des normalen Lebens. Denn es gibt kaum eine Weise das Leben intensiver zu spüren, als wenn man aus großer Höhe zurückkommt, selbst wenn das allerhöchste Ziel nicht erreicht werden konnte. Wenn der Mensch nur nicht so vergesslich wäre…. und nicht kaum zurückgekehrt sagen würde, „lass uns bald wieder in die Berge gehen, ok?“

Anna Skora entdeckte die Berge für sich nur, weil ihre Eltern, früher selbst Alpinisten, genau das verhindern wollten. Aus Trotz schloss sie sich mit 18 Jahren einer Alpenüberquerung zu Fuß an und lernte von jener Tour an, immer weitere Outdooraktivitäten und Länder kennen und lieben. So durchstreifte sie im Winter auf Skiern skandinavische Nationalparks, ging in den patagonischen Wäldern verloren, beobachtete Geier in den Pyrenäen und lief Ultramarathons.

Die absolute Lieblingsdisziplin ist für sie jedoch das Bergsteigen, sowohl in Form von Fels- und Eisklettern in den Alpen als auch mit Zelt und großem Rucksack an hohen Bergen fernab der Zivilisation. Die Kombination aus einem spannenden Reiseland, Kontakt zu fremden Kulturen, autarken Eintauchen in ein unbekanntes Gebiet und der Herausforderung, die ein Gipfel mit sich bringt, macht für sie den Reiz des klassischen Alpinismus aus. Um dieses Gefühl zu teilen, möchte sie uns gern in einen Herbsttag am 7134 m hohen Pik Lenin in Kirgistan mitnehmen.

www.zeltgespenst.de/

KAPITEL 3

Drei alte Postkarten aus Kuba

von Antje Neumann

» Auf Papas Spuren in Kuba «

Postkarte aus Havanna

Ein Hahn kräht. Ich öffne verschlafen meine Augen. Wie lange habe ich eigentlich geschlafen, seit ich hier gestern angekommen bin? Eben noch sind wir im spärlichen Licht der vereinzelten orangen Straßenlaternen durch dunkles, unbekanntes Terrain gefahren. Jetzt ist Morgendämmerung. *Kikeriki*! Ein Hahn? Mitten in Havanna? Ich klettere aus dem Bett, tapse barfuß über die kühlen Kacheln und öffne die Balkontüre. Etwas frisch ist es noch, aber nicht kalt. Auf dem Nachbarbalkon ist in der Tat ein Verschlag mit Hühnern! Ein Blick vom Balkon: Mehrstöckige weiße Häuser, von vielen bröckelt der Putz. Im Hintergrund glitzert das Meer. Moment, dieser Hochhausblock kommt mir doch bekannt vor! Ich krame aus dem Rucksack meinen Reiseführer, zwischen dessen Seiten ich die drei Postkarten geklemmt habe, die mir mein Vater vor meiner Reise gegeben hat.

Mein Vater ist inzwischen Ü-80 und nicht mehr fernreisemäßig unterwegs. Aber in seiner Jugend war er Seemann und ist auf Handelsschiffen kreuz und quer über die Weltmeere nach Asien, Süd-, Mittel- und Nordamerika gefahren. Als ich klein war, brauchte er kein Buch, um mir spannende Gutenachtgeschichten zu erzählen.

Vermutlich habe ich die Reise- und Abenteuerlust von ihm geerbt. Ich bin viel mit Rucksack und Zelt in Skandinavien unterwegs. Die Fliegerei versuche ich inzwischen aus Umweltgründen zu vermindern, kann es aber nicht immer lassen. Es ist spannend, ab und zu in die Fußstapfen meines Vaters zu treten. Zum Beispiel im australischen Brisbane, in Limón, Costa Rica und jetzt hier in Kuba.

Ich kehre mit der schwarzweißen Postkarte aus Havanna auf den Balkon zurück. Stimmt, das Hochhaus dort hinten, ist dasselbe wie auf der Karte. Unverändert, als ob die Zeit stehen geblieben wäre. Mein Vater war hier in den 1950ern unterwegs. Das war genau in den Zeiten der Revolution, Fidel Castro und Che Guevara. Zunächst war noch die Militärregierung Batista an der Macht bzw. eigentlich die USA. Havanna war ein beliebtes Reiseziel der Amerikaner und mein Vater verschiffte Ananas von Kuba in die USA. „Die Amis konnten sich hier mit ihren Dollars alles leisten", hatte er mir erzählt. „Sie hatten die Preise völlig verdorben, alles war für uns zu teuer, sogar der *Cuba Libre*. Für uns waren nur die einfachen Drinks in den Hafenbars zu bezahlen."

„*Buenas dias*!" empfängt mich meine Gastgeberin Maria, als ich aus dem Zimmer komme, das sie und ihr Mann in ihrer Dreizimmerwohnung für Gäste eingerichtet haben. „Heute macht mein Sohn Frühstück für dich. Er möchte lernen, wie das mit Airbnb läuft und später auch einmal ein Gastgeber werden. So wie es aussieht, verdienen seine Eltern, inzwischen Rentner, mit dem Tourismus wesentlich besser als er. „Die Gehälter sind hier ziemlich klein", erklärt mir der Mittdreißiger, als er eine Tasse duftenden Kaffee bringt. „Als Schullehrer verdient man nicht sonderlich viel. Aber dafür sind Schulen hier frei und das Bildungsniveau recht gut."
Nach einem ausgezeichneten Frühstück mit Rührei und starkem kubanischen Kaffee, tauche ich ein in die engen

Gassen der Stadt. Vor den Balkons der farbenfrohen Häuser hängen, auf einem Gewirr aus Wäscheleinen, bunte Wäschestücke. Aus geöffneten Fenstern und Türen schallt Reggaeton Beat herüber. Frauen in bunten Kleidern unterhalten sich, ein Hund läuft vorbei. Ab und zu klappert ein Oldtimer vorüber. An der Ecke ist ein bunter Markt voller leckerer exotischer Früchte.

In der Innenstadt geht es bei den Sehenswürdigkeiten touristischer zu. Salsa ertönt an allen Ecken und Händler bieten Gemälde, Musikinstrumente und Fahrten mit bunten, blank polierten Oldtimern an. Ob die Autos hier dieselben sind, die mein Vater damals gesehen hat? „Ich kam auch nach Havanna, als kurz zuvor Fidel Castro Kuba befreit und Batista zum Teufel gejagt hatte. Das muss Anfang 1959 gewesen sein“, hatte er sich erinnert. „Im Hafen liefen, wie in ganz Havanna, Fidels Leute schwer bewaffnet umher. Einige dieser Revolutionäre entpuppten sich als deutsche Seeleute, die aus Abenteuerlust ihr Schiff irgendwo auf Kuba verlassen und sich zu den Truppen Castros durchgeschlagen hatten. Mit sichtlichem Stolz und lässigem Imponiergehabe trugen sie nach Wildwestmanier Schnellfeuergewehre und Cowboyhüte."

Im Zuge der Revolution wurde Privatbesitz enteignet und ging an den sozialistischen Staat über. Unter anderem auch Besitz amerikanischer Unternehmen, worüber man in den USA wenig begeistert war. In den 60ern gab es die ersten Handelsembargos und im Zuge des Kalten Krieges ging es dann zwischen Kuba und den USA hart auf hart. Insofern ist vieles, was sich heute auf den Straßen bewegt, ein Relikt aus den Seemannszeiten meines

Vaters. Auch wenn sich die Zeiten ansonsten vollständig geändert haben.

Postkarte aus Viñales

"Früher konnte man eigentlich nur in staatlichen Hotels übernachten und an geführten Touren teilnehmen", erklärt mir David, der eingeklemmt neben mir im *taxi collectiva* sitzt. Auch heutzutage buchen viele Urlauber organisierte Kuba-Touren mit Aufenthalt in Havanna, Busrundreise und anschließendem Ausklang der Reise in einem der Strand Resorts. Für uns Backpacker gibt es inzwischen aber auch eine gute Infrastruktur aus B&B, allen möglichen organisierten Trips und neben den örtlichen Bussen, auch diese Sammeltaxis. Ich hätte nie gedacht, dass acht Leute samt Gepäck in diesen rostigen quietschgrünen Chevrolet passen. Oder na ja. Unser Gepäck hat der wortkarge Fahrer einfach aufs Dach geschmissen. Ein englisches und ein belgisches Paar, ein Trio aus einer Französin, einem Spanier und einem Österreicher, die sich auf einer Party kennengelernt haben und ich - alle sind auf dem Weg ins Viñales Tal, ein Weltkulturerbe.

Unser Fahrer setzt mich direkt vor dem Haus der Gastfamilie ab. Ich bekomme ein recht großes separates Zimmer mit geräumigem Bad. Der Rest der vierköpfigen Familie teilt sich die restlichen zwei Zimmer des Hauses. Ein Spaziergang durch den Ort: Um die Hauptstraße herum gibt es einiges an Souvenirläden und preiswerten Restaurants, in denen westliche Reisende sitzen, doch ansonsten ist das Leben in den Straßen des kleinen Ortes ruhig und beschaulich. Pferde scheinen hier die gebräuchlichsten Verkehrsmittel zu sein. Einige Schritte aus dem Ort heraus: Ockergelbe Felder, gesprenkelt mit knallgrünen Tabakpflanzen, urtümliche, aus irgendwelchen getrockneten Pflanzen, gefertigte Lagerhäuser, Pferdegespanne und im Hintergrund komische rundliche, aus der Landschaft aufragende Kalksteinfelsen. Die Felder werden noch mit Ochsengespannen gepflügt. Absolut idyllisch und traumhaft! Eigentlich ist die ganze Landschaft so, wie die alte Postkarte meines Vaters. Nur schärfer und farbenfroher.

"Hast du ein Auto?" fragt meine Gastgeberin Teresa am nächsten Morgen, als sie mir ein leckeres Frühstück aus tropischen Früchten, Brot und Rührei an den Tisch im üppigen Garten bringt. Ein Kolibri schwirrt zwischen den Blüten eines großen, rosarot blühenden Baumes umher, trinkt Nektar und ruht sich zwischendurch auf einer Stromleitung aus. Ich nicke. Ein Auto gibt nicht nur mehr Freiheit, ohne wären meine Dienstreisen auch schlecht zu bewältigen.

Sie schüttelt den Kopf. "Das ist unser Auto", sagt sie und zeigt auf zwei an die Hauswand gelehnte Fahrräder. "Wir könnten uns nie ein Auto leisten. Dabei wäre es so praktisch zum Einkaufen." Wer hier ein Auto hat, ist meist auch eine Art Unternehmer, erklärt sie mir. Irgendwie muss man die Kosten wieder reinbekommen und bietet dann Fahrdienste an. Oft gibt es auch Engpässe in Sachen Treibstoff, was die Fahrerei auch nicht gerade erleichtert.

Ich frage mich, warum sie ein Auto zum Einkaufen

braucht. Läden gibt es einige im Ort, doch Einkaufszentren wie bei uns, sind mir hier noch nicht untergekommen. In den Läden hier ist die Auswahl allerdings recht dürftig: Waschmittel, Dosenbohnen, verschiedene Getränke, Alkohol und Süßigkeiten gibt's. Obst und Gemüse, Brot und Bäckereien habe ich bisher vergeblich gesucht. "Man braucht Beziehungen", erklärt mir Teresa. "Wenn man mit einem Verkäufer befreundet ist, dann sagt er rechtzeitig Bescheid, wenn es mal etwas Besonderes gibt."

Irgendwie erinnert mich das an die DDR. Aber die Leute wissen sich zu helfen und der Staat lässt auch eine Art Kleinunternehmertum zu. Wie zur Bestätigung schallt „*Cebolla, Cebolla*“ zu uns herüber. Der Zwiebelverkäufer zieht wieder einmal seine Runden, das Fahrrad dicht behangen mit Zwiebeln.

Da hier nicht jeder eine Waschmaschine hat, hat halt die Nachbarschaft ihre gemeinsamen Waschtage. In einem Garten steht eine Waschmaschine ohne Deckel, in der Wasser, Schaum und Wäsche umher schlubbert. Am Ende einer solchen Waschaktion, hängt in den Gärten der Nachbarschaft frisch gewaschene Wäsche zum Trocknen.

"Wir bekommen nur zweimal am Tag Wasser", erklärt Teresa. Ich schaue sie fragend an. "Dort." Sie zeigt auf die großen Wassercontainer, die sich auf jedem Dach befinden. "Wir lassen die Speicher volllaufen, so dass uns zwischendurch das Wasser nicht ausgeht."

Einerseits sind das alles Einschränkungen und viele hier scheinen sich nach mehr Materiellem zu sehnen. Andererseits habe ich selten so freundliche und hilfsbereite Leute erlebt, wie hier. Man ist eben aufeinander angewiesen. Verkehrsstaus gibt es nicht und Essen ist aus der eigenen, lokalen Wirtschaft. Selten habe ich auch so viele Leute an den Straßenecken, in Bussen und Warteschlangen miteinander quatschen sehen. Das mag allerdings auch daran liegen, dass mobiles Internet hier recht teuer ist und deswegen kaum jemand an seinem Handy klebt. Anders als bei uns.

Postkarte aus Trinidad

"Ich kann hier auch raus, danke", sage ich zum Fahrer des Sammeltaxis und steige zusammen mit einem französischen Paar aus dem knallgelben Chevrolet. Leider hat deren Unterkunft kein weiteres Zimmer frei. Ich wuchte meinen Rucksack auf den Rücken und latsche die engen Straßen entlang. Putz bröckelt von den bunten Fassaden und zwischen den Häusern herrscht ein Wirrwarr aus Stromleitungen. Ein paar Frauen tragen Einkaufstaschen voller Obst und auf der Türschwelle des gelben Hauses vor mir, sitzen zwei grauhaarige Männer und unterhalten sich. "*Casa particular*?" frage ich sie und deute auf das kleine Schild an der Wand. "Si si!" entgegnet der eine der Männer mit einem Lächeln. Was danach kommt, verstehe ich nicht. Der Mann nickt verständnisvoll: "*Uno momento*!" Ein wenig später kommt er mit einer jüngeren, Englisch sprechenden Frau zurück, seiner Tochter. Ich bekomme ein Zimmer im ersten Stock, gleich neben der Treppe zur Dachterrasse. "Dort gibt es morgens Frühstück", erklärt mir Sonita. Traumhaft. Auf der Terrasse kann man zwischen pinken Bougainvilleen sitzen und hat einen perfekten Blick über die ruhigen

Straßen, auf dem Kopfsteinpflaster vorbeiholpernden Pferdegespanne und die bunten Häuser der Stadt.

Trinidad war zu spanischen Kolonialzeiten eine der wichtigsten Zuckermonopole Kubas. Bis Mitte des 19. Jahrhunderts gab es einen großen Bedarf an Rohrzucker, die aus Afrika importierten Sklaven arbeiteten hart und die Wirtschaft florierte. Gegen Ende des 19. Jahrhunderts ging es dann wirtschaftlich bergab, da man in Europa mit dem Zuckerrübenanbau loslegte und daher die Nachfrage an Zuckerrohr nachließ. Manchmal hatten die Handelsschiffe, auf denen mein Vater unterwegs war, längere Liegezeiten in Havanna. Diese haben die Seeleute dann genutzt, um mit dem Bus etwas das Hinterland zu erkunden. Bis Trinidad haben sie es allerdings nicht geschafft, dazu reichte die Zeit nicht. Vermutlich war die Stadt in den 1950ern auch noch nicht so ein beliebtes Ziel für Reisende, wie heutzutage. Seit 1988 zählt die Stadt zum UNESCO-Weltkulturerbe, weil hier viele koloniale Bauten gut erhalten sind.
Nach dem Stadtrundgang mache ich einen Wandertag zum Fluss Río Guaurabo. Am Wasserfall Cascada Pilon schwimme ich im kühlen, klaren Wasser von einem von hohen Felswänden umgebenem Becken. Am nächsten Tag würde ich gerne im Meer weiterschwimmen. Der lange weiße Strand von Playa Ancon, südlich Trinidad, soll zum Baden genial sein und in der Gegend soll es auch Korallen geben. "Dort kommst du mit dem Taxi hin", verrät mir Sonita, als sie das Brot zum Frühstück bringt. "Es kostet 8 CUC. Ich kann es für dich organisieren, wenn du möchtest." Acht Kröten, also 16 insgesamt klingt beim hiesigen Preisniveau nach einer

ziemlichen Abzocke. Ich lächele dankend und murmele etwas wie: "Ok, ich muss mal sehen ... ". Später in meiner Bude stopfe ich einfach Schnorchelzeug, Bikini, Wasserflasche und eine halbe Packung Kekse in meinen Rucksack und laufe dann die Straße hinunter. So ungefähr in die Richtung, in der ich das Meer vermute. Entweder ergibt sich was oder ich latsche halt zwei Stunden oder so.
Der Stadtrand von Trinidad ist weniger schön als das Zentrum. Graue, marode Hochhausblocks, angenagte Bordsteinkanten, Straßen mit Rissen und Löchern. Ein Blick auf die Karte: die Richtung ist gut. Nun der schnurgraden Landstraße folgen. Zum Glück ist hier nicht viel Verkehr. Nur ab und zu donnert ein Laster vorbei und hüllt mich in eine stinkende Abgaswolke.

Nach etwa zehn Minuten höre ich hinter mir die Hufe eines Pferdes klappern. Ein Pferdegespann kommt neben mir zum Stehen. "*Hola*!" ruft ein lachendes Gesicht vom Bock aus runter. "Wo willst du denn hin?" Ich zeige nach vorne: "*La Playa*!" Der etwa Zwanzigjährige lacht. "Brauchst du eine Mitfahrgelegenheit?" Nun muss auch ich lachen. Ob das Pferdegespann nun so viel schneller ist als ich zu Fuß? Aber cool!
"Kostet 8 CUC", meint der Kutschenfahrer. "Nee, nee, viel zu viel", entgegne ich lachend. "Drei CUC!". Wir einigen uns schließlich auf fünf. Immer noch relativ teuer - aber sicherlich gut angelegt. Reich sehen die absolut nicht aus. Ich setze mich gegenüber von einem Jungen und zwei Taschen voller Gemüse und Obst auf eine Holzbank. Mit einem leichten Ruck setzen wir uns in Bewegung.

„Ich bin Pedro“, stellt sich der lustige Fahrer vor.

Meine Spanischkenntnisse reichen kaum aus für das, was danach folgt. Aber anscheinend will er erst seinen Sohn und die Einkäufe nach Hause bringen, bevor es weiter zu der *Playa* geht. Wir fahren gerade aus in die kleine Ortschaft Casilda und biegen dort in eine Gegend aus flachen, schiefen Bauten ein. Wie eine Art Slum. Mir wird etwas mulmig im Magen. Vor einer der Bauten kommt das rotbraune Pferd zum Stehen und eine Frau kommt heraus, um das Pferd zu halten. Sohn und Einkaufstaschen werden abgeladen, ein kurzer Wortaustausch zwischen Pedro und ihr, da springt er schon wieder auf den Bock und wendet den Wagen. Irgendwas brüllt er auf Spanisch durch die Gegend. Wir warten. Nach einer Weile kommt ein anderer Junge angelaufen und springt neben ihn auf den Bock. Nun setzen wir uns wieder in Bewegung. Ein kleines Stück geht's zurück, dann biegen wir nach Westen ab und fahren durch weite Feuchtgebiete, die Laguna La Chorrera auf der einen und Bahía de Casilda auf der anderen Seite. Mangroven, Wasser, Reiher. Ob es hier auch Krokodile gibt, so wie etwas weiter westlich in den Sümpfen der Zapata Halbinsel?

Pedro drückt dem Jungen die Zügel in die Hand und dreht sich zu mir um, um etwas zu quatschen. Ich verstehe etwas von *Langusta*. Anscheinend verbinden sie die spontane Taxiaktion mit Langustenfang. Praktisch! Schließlich biegen wir Richtung Strand ab und kommen auf einem Parkplatz zum Stehen. Ich bedanke mich herzlich und mache mich auf den Weg zum Wasser. Palmen biegen sich im Wind und anderthalb Meter hohe Wellen krachen an den weißen Strand. Die Strandliegen sind alle leer. Weiter oben ist ein großer, gelb und blaugestrichener Hotelkomplex mit Pool,

Terrassen, Bar und Restaurants. Plattenbau und Luxus in einem, irgendwie. Das Schnorcheln kann ich mir bei dem Wetter wohl abschminken. Der Wellengang wirbelt so viel Sand auf, dass im Wasser die Sicht sicherlich bei null liegt. Aber was soll's. Dann wird es heute halt ein Strandspaziergang. Über 4 km zieht sich der weiße Traumstrand an der Halbinsel entlang.

"Hello!" Ein Kubaner kommt auf mich zu. Ach je. Ist es etwa verboten, über den Hotelstrand zu laufen? "You are leaving the hotel beach now", klärt er mich auf. "If you continue to walk there, be careful with your backpack. Local people visit that part of the beach, go fishing and so." Ich schaue ihn verwundert an. "Ok, danke!" murmele ich und laufe weiter. Wie sind hier denn die Fischer drauf? Werden sie mir meinen Rucksack samt Handtuch und Wasserflasche stehlen? Ob Pedro und der Junge schon ein paar Langusten gefangen haben? Ich muss grinsen. Zu eigenständige Touris sind vermutlich schlecht fürs Hotelgeschäft. Besser etwas Angst schüren, damit die Leute in ihren Resorts und auf geführten Touren bleiben.
Der "gefährliche" Teil des Strandes ist zumindest für den Strandgänger interessanter: Hier hat niemand die ganzen Muscheln und filigranen fächerartigen Korallenstücke weggeputzt. An der Spitze angekommen, geht es allerdings nicht mehr weiter. Es sei denn, man kämpft sich gerne durch Everglades-artigen Dschungel aus sich gabelnden Mangrovenstämmen und einem Wirrwarr aus Ästen und Wurzeln.

Ein kleiner Trampelpfad führt zwischen Mangrovendschungel und Strand zurück Richtung

Hotel. Um mich herum ist nur das Rauschen der Wellen und des Windes sowie die Rufe eines weißen Reihers in den Ästen zu hören. Wunderbar!

Als ich später auf der Straße zurück Richtung Trinidad wandere, winkt nach etwa 10 Minuten ein alter Mann auf der anderen Seite der Straße. Irgendwas von Trinidad und Bus verstehe ich aus seinen spanischen Erklärungen. Und nach wenigen Minuten hält auch schon ein lokaler Bus voller Kubaner an der Stelle, an der kein für mich erkennbares Halteschild steht. Ein CUC scheint dem Gesichtsausdruck des Fahrers nach zu viel zu sein für die Fahrkarte, aber sowas ist selten ein Hindernis. Mal sehen, auf was für eine Art und Weise ich morgen zurück nach Havanna komme!

*Der Reisebericht beruht auf einer Urlaubsreise im Dezember 2018. Alle Namen sind geändert.

Antje Neumann lebt seit fast 20 Jahren in Finnland und arbeitet dort hauptberuflich als Biologin. Nebenberuflich schreibt sie auf Freelance Basis Artikel über Natur, Leute, Lifestyle und ihre Abenteuer im Norden. Das hindert sie allerdings nicht daran, auch manchmal Streifzüge in andere Teile der Welt zu machen, wie zum Beispiel ins tropische Kuba.

www.nordstories.fi

KAPITEL 4

Outdoor in Down Under

Meine Backpacking-Abenteuer in Australien

von Frances Engel

» Die Welt ist ein Buch.
Wer nie reist,
sieht nur eine Seite davon. «

- *Augustinus Aurelius*

Endlich war es wieder soweit und ich konnte nach Australien reisen. Nachdem ich im Herbst 2009 das erste Mal dort war und mich unsterblich in das Land am anderen Ende der Welt verliebt habe, wollte ich nun endlich die atemberaubende Westküste, den Norden und den weltberühmten Ayers Rock erkunden.

Die traumhafte Ostküste hatte ich während meines ersten Australien Aufenthalts mit einem Camper von Melbourne über die legendäre Great Ocean Road, Canberra, Sydney, Port Macquarie, Coffs Harbour, Byron Bay, Surfers Paradise, Sunshine Coast, Noosa und Fraser Island bis nach Brisbane zurück bereist.

Diesmal wollte ich unbedingt nach Western Australia und Northern Territory reisen und abschließend endlich den legendären Ayers Rock besuchen. Zunächst folgte ich der Einladung bei meinen Freunden in Perth vorbeizuschauen. Nach vier tollen Tagen in Perth, ging es für mich dann weiter nach Fremantle, um mir dort u. a. das bekannte Roundhouse (1830 erbaut) anzusehen, welches das älteste Gebäude in ganz Westaustralien ist. Für alle AC/DC-Fans lohnt sich noch ein Besuch am Hafen von Fremantle, dort steht die Statue von der verstorbenen Musiklegende Bon Scott.

Danach wollte ich unbedingt die kleinen kuschligen Quokkas besuchen. Die possierlichen Kurzschwanzkängurus leben auf Rottnest Island. Die autofreie kleine Insel, die von den Einheimischen liebevoll „Rotto“ genannt wird, ist nur 11 km lang und 4,5 km breit. Mit dem sogenannten Rottnest Express fuhr ich von Fremantle aus, direkt nach Rottnest, hin und zurück für 69 AUD. Auf der Insel selbst, kann man sich für ein kleines Entgelt normale Fahrräder, inzwischen bestimmt auch E-Bikes, ausleihen, um die Insel zu erkunden. Der Weg ist übrigens sehr gut ausgeschildert und so können sich auch ungeübte Fahrradfahrer nicht verfahren.

Wenn man sowieso schon in Perth ist, sollte man unbedingt Zeit für einen Abstecher nach Rottnest Island einplanen. Die Landschaften inklusive Leuchtturm auf der Insel, die Vegetation, die Strände und der Sonnenuntergang dort, sind wirklich phänomenal und ich kann sehr gut verstehen, dass es viele Paare aus Perth gibt, die an diesem romantischen Fleckchen Erde heiraten wollen.

Mein Campingabenteuer von Perth nach Broome

Meine Tour hatte ich bereits Monate zuvor in Deutschland gebucht. Ich wollte als Backpackerin völlig unabhängig und flexibel durch Australien in einer kleinen, internationalen Gruppe reisen. Gesagt, getan. Um 5.45 Uhr klingelte mein Wecker, pünktlich um 6.15 Uhr holte mich mein bestelltes Taxi bei meinen Freunden in Perth ab und fuhr mich zur Haltestelle Tourist Coach in der Wellington Street.

Eigentlich sollte der Bus um 7 Uhr morgens erscheinen. Doch in Australien ticken die Uhren anders – 45 Minuten später tauchte dann der Bus tatsächlich noch auf. Ein typischer Australier, namens Luke, stieg gut gelaunt aus dem kleinen Bus. Braun gebrannt, barfuß –

also auch ohne Flip-Flops, Cap auf dem Kopf und mit Sonnenbrille auf der Nase, grinste er uns alle an und sagte nur „Hi mates, how are you doing?" und faselte nur was von „A lot of traffic today in the city". Wohlgemerkt es war Samstag früh und es fuhr kaum ein Auto auf der Straße. Wir mussten aber trotzdem alle lachen.

Wir verstauten unser Gepäck im Anhänger, denn der Bus hatte tatsächlich nur Platz für 13 Personen und so war es doch sehr kuschlig. Ich setzte mich neben ein blondes, sehr sympathisches Mädel namens Jalda. Wir verstanden uns auf Anhieb super, waren auf einer Wellenlänge und so verging die Reisezeit und über 4.000 km Strecke, bei der angenehmen Reisebegleitung, dann doch rasend schnell.

Von Perth aus fuhr ich, mit der kleinen bunt gemischten Reisegruppe aus unterschiedlichsten Nationen, in dem kleinen Tourbus in unseren Zielort nach Broome. Die Tour führte uns von Perth über die Pinnacle Wüste, in den Kalbarri-Nationalpark, danach in den Delfin-Hotspot Monkey Mia, von dort weiter nach Coral Bay, in den Karijini-Nationalpark und von dort dann weiter nach Broome.

Geschlafen wurde nachts immer in sogenannten Swags (Zelt mit integriertem Schlafsack) und es gab Waschmöglichkeiten und Duschen auf den jeweiligen Campingplätzen vor Ort.

Pinnacles

Unser erster Stopp war die Pinnacles Wüste, die sich ca. 250 km nördlich von Perth befindet. Die Hauptattraktion des Nambung-National Park, sind die bis zu vier Meter hohen verwitterten Kalksteinsäulen, die sogenannten Pinnacles. Diese typischen Kalksteinsäulen entstanden vor etwa 500.000 bis 50.000 Jahren aus abgestorbenen Pflanzen, auf der aus Quarzsand bestehenden Wanderdüne. Aus diesem Grund ist der Park auch unter Pinnacle Desert bekannt. Auf der vier km langen Sandpiste habe ich dann zum ersten Mal „Sandboarding" ausprobiert. Es fühlt sich an, als ob man mit einem Snowboard eine riesige Sanddüne herunterrauscht.

Shell Beach

Bereits auf dem Weg zum Strand knacken die kleinen Muscheln unter meinen Füßen. Nach wenigen Metern eröffnet sich der Blick auf den 120 (!) km langen schneeweißen Strand. Doch aus was genau besteht dieser Strand? Aus schneeweißen Kalkschalen. Die winzigen Muscheln sind teilweise sogar bis zu 4 Meter tief aufgeschichtet. Bis heute ist es vielen Wissenschaftlern ein Rätsel, warum sich hier so unglaublich viele Muscheln angehäuft haben. Was ich total interessant fand, früher nutzte man in der angrenzenden Region die Muscheln zum Hausbau. So sind z. B. in Denham bis heute solche Häuser zu sehen. Auch heute noch werden sie teilweise geschreddert und dann für Gärten oder Fußwege verkauft.

Monkey Mia

Der Ort ist weltbekannt für seine Delfine und namhafte Wissenschaftler. Auch Delfinforscher aus aller Welt zieht es an diesen magischen Spot an der Westküste Australiens. Obwohl der Ort, der sich nur 26 km nordöstlich von Dunham befindet, selbst eigentlich sehr beschaulich wirkt, mit seinem ausgedehnten Strandressort mit Hotel, einem Campingplatz, einem Backpacker-Hostel und dem Bootssteg. Die freilebenden Delfine werden dort schon seit vielen Jahren von den Rangern mit Fisch täglich zwischen 8 und 13 Uhr gefüttert.

Doch anstatt, wie die meisten Gäste, erst kurz vor 8 Uhr am Bootssteg zu stehen und das Spektakel aus der Ferne zu beobachten, entschieden sich meine Freundin und ich schon am Vorabend dazu, bereits vor dem Sonnenaufgang zum Strand zu laufen. So spazierten wir beide ganz allein völlig entspannt entlang zum Bootssteg. Auf dem Weg dorthin sahen wir Pelikane herumspazieren, hörten das Meeresrauschen und entschieden uns dann spontan ein paar morgendliche Yoga-Übungen auf dem Steg zu machen.

Plötzlich erschienen aus dem Nichts erst zwei und dann sogar vier Delfine sowie eine riesige Meeresschildkröte, die uns bei unseren Übungen beobachteten und gleichzeitig verspielt ihre Bahnen zogen. Es war unglaublich, wie nah und eng wir in dem Moment mit der Natur und den Tieren eins waren. Kurz nach halb acht erschien die Rangerin, erklärte dann allen Besuchern, dass das Streicheln und Berühren dieser einzigartigen Tiere, wegen möglicher Infektionsgefahren, verboten sei. Zum Glück hielt sich auch jeder daran und hatte einfach nur Respekt vor den Tieren. Wenig später stand sie auch schon knietief im Wasser, mit einem Fischeimer in der Hand und wartete auf die freundlichen „Flipper". Wann hat man schon mal die Gelegenheit diese zauberhaften Wesen aus nächster Nähe zu beobachten und ihnen in die Augen zu schauen? Für mich als riesengroßer Delfin-Fan war es wirklich ein unglaublich tolles Erlebnis!

Tipp: Das **Ningaloo Reef** befindet sich nur ca. 330 km von Money Mia entfernt und ein Besuch lohnt sich auf jeden Fall. Es hat zwar nicht die Größe des weltberühmten Great Barrier Reefs an der Ostküste Australiens, doch mit seiner Länge von 260 km und den wunderschönen, intakten Korallen und einer Vielzahl an Fischarten, muss es den Vergleich mit dem „großen Bruder" keinesfalls scheuen.

Broome

Der Ort ist nicht nur für die Perlenfischerei bekannt, sondern auch als einziger Ort auf der Welt, der das älteste noch funktionierende Freilichtkino hat. So entschlossen wir Mädels uns spontan Karten für jeweils 16,50 AUD für die Abendvorstellung um 18.30 Uhr zu besorgen. Nach unserem günstigen, dennoch leckeren Abendessen im schönen „Cable Beach Backpackers" Hostel, liefen wir zu Fuß zum Cable Beach, um uns dort den wunderschönen Sonnenuntergang anzusehen. Die bekannten Kamele, die am dortigen Strand entlanglaufen sollen, haben wir allerdings nicht gesehen. Wir flitzten nach dem Sonnenuntergang in unseren coolen Flip-Flops zur nahegelegenen Bushaltestelle und fuhren mit dem Bus für 4 AUD direkt zum „Sunrise Pictures“ Kino in die Stadt. Vorher kauften wir uns noch leckeres Popcorn sowie Cola und setzten uns gemütlich in die erste Reihe. Natürlich hatten wir unsere braun gebrannte Haut vorher mit dem australischen Moskitospray „Bushman" vorsorglich eingesprüht. Immerhin waren wir hier im Norden Australiens und das tropische Klima lockte die frechen, unzähligen Mücken nur so an und europäische Mückensprays helfen hier Null. Es lief der Film „The great and powerful wizard of OZ“. Ein wunderschönes Fantasy-Märchen, wo es um die Entstehung des bekannten Zauberers von OZ geht. Der Film war super und die Kulisse war nahezu perfekt. Gegen 21 Uhr war der Film dann vorbei und wir fuhren mit dem Taxi zurück zum Hostel, da kein Bus mehr fuhr und der Weg zu weit war. Am nächsten Tag flog ich weiter nach Darwin.

Darwin

Eine multikulturelle, einzigartige und besondere Stadt. Sie ist die Hauptstadt des Northern Territory und zugleich gilt sie als „das Tor nach Asien“. Hier gibt es nur zwei Jahreszeiten: Trockenzeit und Regenzeit. Die Luftfeuchtigkeit in Darwin liegt meistens bei 90 bis 95 Prozent. Singapur hat hingegen eine relative Luftfeuchtigkeit von ca. 80 bis 85 Prozent, was für die meisten Europäer erträglich ist.

Die Cullen Bay ist übrigens die teuerste Gegend im Norden Australiens, dort stehen unsagbar teure Villen und millionenschwere Jachten liegen im eigenen Jachthafen. Für Kunstliebhaber gibt es zahlreiche Kunstgalerien, die sich ausschließlich mit der Kunst der Aborigines beschäftigen.

Arnhemland und Mary River

Das sogenannte Arnhemland im australischen Northern Territory hat eine Fläche von über 97.000 km^2 und ist damit etwas größer als Portugal. Es ist nicht nur das älteste Stammesgebiet der Aborigines und die historische Haupteingangspforte für die Ur-Besiedlung des Kontinents, sondern auch das gelobte Land für den naturliebenden Australien-Besucher.

Von Darwin aus, fuhren wir über Beatrice Hill zunächst in den Djukbinj-Nationalpark, wo wir später auch unsere erste Nacht in einem Zelt auf dem Campingplatz verbrachten. Auf dem Mary River fuhren wir mit einem Boot ins naheliegende Umland und konnten dort freilebende Krokodile in ihrem natürlichen Lebensraum beobachten. Die meisten Salzwasserkrokodile, auch Leistenkrokodile genannt, haben hier das dichteste Vorkommen weltweit. In vielen Flüssen des tropischen Australiens leben nur fünf Krokodile pro Flusskilometer, im Mary River hingegen sind es sogar fünfzehn.
An keinem anderen Ort der Welt, findet man so viele Leistenkrokodile und nirgendwo anders kann man sie

so gut vom Land aus beobachten, wie hier am Shady Camp.

Es war für mich absolut beeindruckend, wie nah man auf dem Boot die riesigen Tiere auf Sandbänken am gegenüberliegenden Ufer, meist im Schatten des Ufergebüsches, scheinbar friedlich und entspannt, liegen sah. Doch bei der Fütterung schossen sie dann in Nullkommanichts aus dem Wasser, trotz ihres stolzen Gewichtes von ca. 400 bis 800 kg (Männchen), schnappten sie sich in Sekundenschnelle das portionierte und noch blutige Wasserbüffelfleisch vom langen Holzstock. Wahnsinn, was für eine unglaubliche Kraft diese Tiere im Körper und im Kiefer haben.

Kakadu-Nationalpark

Der Kakadu-Nationalpark ist mit einer Fläche von über 20.000 km^2 der größte Nationalpark Australiens und gehört zu einem von weltweit 23 World Heritage Parks. Der Park wurde wegen seines herausragenden natürlichen und kulturellen Wertes in die Liste der UNESCO sowohl als Weltnaturerbe als auch als Weltkulturerbe aufgenommen.

Nach dem Frühstück liefen wir über eine Stunde durch die wunderschöne Natur. Zunächst zu einem kleinen See, der zwischen Felsen gelegen war. Die perfekte Abkühlung bei den tropischen Temperaturen. Von dort aus liefen wir über Sandwege, Feldwege, überquerten einen Fluss und gelangten zum großen Felsen „The Castle“ in Gubara.

Danach kraxelten wir in unseren Trekking-Schuhen auf ein wildraues Hochplateau, von wo wir einen super Ausblick über das gesamte Areal hatten. Unser Tourguide David wirkte teilweise wie ein hyperaktives Kaninchen, er sprang in Windeseile von einem Felsen zum nächsten und man hatte dadurch leider kaum Zeit, um noch Fotos zu machen.

Wir konnten uns die bis zu 20.000 Jahre alten, faszinierenden Wand- und Felsmalereien der Aborigines anschauen und unser Tourguide erklärte uns einiges dazu. Die Hintergründe und Motive dieser Malereien sind demnach unterschiedlich. So konnten wir nicht nur Jagdszenen, sondern auch Geschichten und Lehren, Darstellungen von Helden und ihren Taten sowie religiöse Gründe bestaunen. Die Malereien sind international als herausragende Aborigines-Felsmalereien bekannt.

Ayers Rock

Die Cheops-Pyramide in Ägypten, die Akropolis in Athen und der Ayers Rock in Australien haben alle eins gemeinsam: sie sind die bekanntesten Touristenattraktionen im jeweiligen Land und zugleich die wohl meistfotografierten der Welt. Er ist wirklich ein Meisterstück der Natur, der vor etwa 600 Millionen Jahre entstanden ist und gehört zurecht zum UNESCO Weltnatur- und Weltkulturerbe. Der 348 m hohe, 3,4 km lange und 2,4 km breite Monolith sieht aus, als wäre er genau so vom Himmel gefallen. Es war für mich persönlich eines der eindrucksvollsten Erlebnisse überhaupt, das Wechselspiel des Lichts auf dem gigantischen Felsklotz zu beobachten, denn je nach Sonnenstand (Sonnenaufgang oder auch Sonnenuntergang) und je nach Wetterlage, verwandelt sich der *Uluru*, wie er von den Ureinwohnern genannt wird, in ein mystisches, kräftig rotes Leuchtobjekt.

Pünktlich um 18.15 Uhr stand ich nun auf dem Sunset-Aussichtspunkt des Uluru, um den Sonnenuntergang live zu beobachten. Der Uluru erscheint gerade in der Zeit der Abendsonne besonders stark in seinen typisch roten Farben.

Wanderung am Fuß des Uluru

Zunächst besuchte ich das "Aboriginal Cultural Center", wo man sehr viel über die Geschichte, das Leben und die Kultur der Ureinwohner Australiens – den Aborigines – erfahren konnte. Hier erfuhr man auch viel über die spirituelle Bedeutung der Kantju-Schlucht, des Mutitjulu-Wasserlochs und auch der verschiedensten Höhlenmalereien der Aborigines.

Danach umrandeten wir zu Fuß den legendären Uluru und ich war sichtlich beeindruckt von diesem magischen Ort. So viele Jahre habe ich es mir gewünscht, hier beim Ayers Rock zu stehen, habe es mir in meinen Träumen ausgemalt und nun war es tatsächlich Realität. Und was soll ich sagen? Es war einfach unglaublich und ich war total geflasht, wie facettenreich dieser heilige Berg ist. Natürlich verzichtete ich freiwillig darauf den Uluru, wie unzählige andere, zu besteigen oder darauf herumzuklettern. Aus Respekt und Rücksicht vor der Kultur und der Religion der lokalen Anangu-Aborigines. Ich bin total froh und erleichtert, dass seit dem 26. Oktober 2019 die Besteigung des Ayers Rock endgültig verboten ist.

Nachdem wir unser selbst zubereitetes Dinner (Hot-Dogs mit Brötchen sowie Weißkrautsalat) auf dem Campingplatz gegessen und alles sauber, ohne jegliche Essensreste, hinterlassen hatten, setzten wir uns noch gemütlich ans Lagerfeuer und unser sympathischer Tourguide Jamie verriet uns einige spannende Geschichten sowie Mythen über den Ayers Rock. So soll es doch so manche frechen Touristen gegeben haben, die heimlich und obwohl es strikt verboten ist, Steine oder roten Sand vom heiligen Berg gestohlen und mit in ihr Heimatland transportiert haben. Plötzlich sind genau diese Menschen ganz schlimm krank geworden oder sogar gestorben, andere hatten schlimme Schicksalsschläge erlitten. Diejenigen, die es halbwegs überlebt haben, haben dann alle freiwillig ihre geklauten Gegenstände per Post zurück ans "Aboriginal Culture Center" geschickt und den Mitarbeitern genauestens beschrieben, wo sie die Sachen entnommen haben. In der Hoffnung sie könnten damit ihr Karma positiv beeinflussen oder die Geister bzw. Götter der Aborigines milde stimmen.

Unser Tourguide riet uns, bitte keinerlei Essen oder Getränke aus Sicherheitsgründen in die Nähe unseres Schlafsacks zu stellen, weil der Geruch nachts Dingos oder andere Tiere anlocken würde. Die Nacht verbrachte ich dann zusammen mit den anderen

Reiseteilnehmern, jeder eingekuschelt in seinem eigenen Swag, direkt unter freiem Sternenhimmel auf dem Ayers Rock-Campingplatz. Wir hatten uns vorher extra noch eine virtuelle Sternen-App aufs Handy geladen und damit konnten wir nun auf die jeweiligen Sterne zeigen und uns wurde automatisch angezeigt, zu welchem Sternenbild sie gehörten. Es war einfach nur toll...

Neben mir lagen zwei Schweizer Mädels auf dem Boden, die wohl nicht schlafen konnten oder wollten und im schönen Schweizerdeutsch bis tief in die Nacht erzählt haben. Irgendwann bin ich jedoch eingeschlafen und wurde nachts durch ein Heulen aus der Ferne wach. Ich musste aber dringend für kleine Mädchen gehen, kletterte vorsichtig, um nicht die anderen zu wecken, aus meinen Swag, setzte meine obligatorische Stirnlampe auf und zog meine Trekking-Schuhe an.

Die Mädels wollten nicht, dass ich gehe, machten sich mehr Sorgen als ich, aber ich musste schließlich mal dringend auf Toilette. So lief ich blitzschnell zu den sauberen sanitären Anlagen auf dem Campingplatz, die sich alle in einem guten Zustand befanden und kam genauso schnell zurück. Auf dem Rückweg sah ich bei dem Waschraum etwas um die Ecke huschen, was wie der Schatten eines Hundes aussah. Ich legte mich zurück in meinen Swag, kontrollierte nochmal ob auch ja keine Spinne oder sonstiges reingekrabbelt war, knipste meine Stirnlampe wieder aus und schlief dann bis kurz vor Sonnenaufgang. Am nächsten Morgen war es auf einmal hektisch und jemand sprach davon, dass wohl ein Dingo da gewesen sein musste. Vor dem Waschraum war dann ein Häufchen zu sehen und unser

Tourguide sagte zu uns: "Eindeutig, das ist Kot von einem Dingo, der das Revier markieren wollte!" Entweder war ich zu schlaftrunken und habe ihn deshalb nicht gesehen oder der Dingo hatte mehr Angst vor mir als wir Menschen vor ihm.

Sonnenaufgang am Uluru und Kata Tjuta

Am nächsten Morgen sind wir alle schon gegen 5.00 Uhr aufgestanden, so dass wir rechtzeitig zum Sonnenaufgang gegen 6.30 Uhr am Kata Tjuta-Aussichtsplatz des Uluru sein konnten. Wahnsinn, wie viele Menschen auf diesem Plateau nebeneinanderstanden und gemeinsam beobachteten, wie die Sonne über den legendären Ayers Rock emporstieg. Nach diesem spektakulären Erlebnis sind wir zum krönenden Abschluss ins „Tal der Winde“ bei den Kata Tjuta gefahren. Die Kata Tjuta (die Olgas) befinden sich ca. 40 km westlich vom Uluru, sind eine Gruppe von 36 Bergen in Zentralaustralien und etwa 500 Millionen Jahre alt. Der höchste Fels, der Mount Olga, ist 1.069 Meter hoch.

Frances Engel ist studierte Dipl. Medienökonomin (FH), Dipl. Fachjournalistin (FJS) und Social Media-Managerin (PZOK) sowie passionierte Weltenbummlerin und liebt es zu reisen. Noch während ihres Studiums (Medienmanagement) an der Rheinischen Fachhochschule in Köln, zog es Frances in ihr Lieblingsland Australien. Sie arbeitete dort mehrere Monate in Sydney im Verlag von Australian Women's Weekly (Bauer Media Australia) und absolvierte parallel dazu ein Abendstudium (Journalismus) an der University of Technology.

Bereits seit 2009 arbeitet sie als freie Journalistin für diverse Print- und Onlinemedien, vor allem für die Ressorts Reisen, Kultur und Sport sowie als Social Media-Managerin und bietet als Dozentin und Coach ebenso Workshops und Seminare im Bereich Social Media an. Zuletzt war sie als Social Media- und Online-Redakteurin bei KiKA in Erfurt sowie beim MDR in

Leipzig tätig, bevor sie im Oktober 2017 das erste Mal Mama geworden ist. Inzwischen ist Frances glückliche Zweifachmama von kleinen Jungs (*Oktober 2017 und *Mai 2019) und freut sich darauf die nächsten Abenteuer in der Welt gemeinsam mit ihren Kindern zu erleben.

www.francesengel.de
Blog: www.herzmamas.de

KAPITEL 5

Eurasien – 18.000 km bis ins russische Asien und zurück

oder

Von der Unmöglichkeit allein zu reisen

von Melanie Stegemann

» Nothing is impossible, the word itself says „I'm possible." «

- Audrey Hepburn

„Hey Opa! Ich hab' ein paar Einladungen von russischen Freunden und Bekannten, verbinde gerade die Punkte zu einer Reiseroute und plane dort mit dem Motorrad hinzufahren. Zeig mir doch mal bitte, wo genau du in Gefangenschaft warst damals. Vielleicht kann ich da auch hinfahren, mich umschauen, fotografieren und dir davon erzählen!" Ja, ungefähr so fing es eigentlich an.

2017 bin ich mit meiner geliebten einzylindrischen XT500 bereits ins knapp 2.000 km entfernte Pskow in Russland gefahren. Dort war ich seitdem öfters gewesen und habe schnell Freundschaften geschlossen – daher kamen auch die Einladungen, die einen ziemlich unwiderstehlichen Reiz auf mich ausübten. Opa hatte Zeit meines Lebens schon immer von damals erzählt und dass die Begegnungen mit den Russen meistens zugewandt waren. Er verurteilt den Russen nicht, hatte sich selbst in seinen fünf Jahren Gefangenschaft „die Sprache des Feindes" beigebracht und traf meist auf Landsmänner und -frauen, die froh waren, dass sie mit einem Deutschen kommunizieren und gut arbeiten konnten. Meine Mutter kann die ganzen Geschichten nicht mehr hören – ich hingegen, bekam immer große Ohren. Seine Erinnerungen haben mich definitiv inspiriert, ebenfalls nach Russland zu reisen und ließen mich dies von Anbeginn mit einem Gefühl von Verbundenheit tun.

Nun stellte ich zudem fest, dass alle fünf Orte, in denen mein heute 93-jähriger Großvater vor knapp 75 Jahren war, sich im europäischen Teil des größten Landes der Erde befanden. Theoretisch konnte ich also alle Orte mit meinem 3-monatigen Visa bereisen.

Diesen Gedanken zu realisieren, war kraftvoll genug, um die Reise anzutreten. Als psychologischen Schutz und Talisman, lieh mir Opa den Ehering seiner verstorbenen Frau. Er steckte ihn mir an den Finger und nahm mir das Versprechen ab, ihm jeweils eine Postkarte aus den Orten seiner Gefangenschaft zu schicken. Mit zwei Semestern VHS Russischkurs im Gepäck, mache ich mich im Juni 2018 auf den Weg.

Zuerst geht es nach Norden an die Küste, dann gen Osten. Eine Einladung aus der Heimat führt mich auf die Landzunge vor der Danziger Bucht nach Krynica Morska, dem letzten Ort vor der Grenze zu Kaliningrad. Meine Gastgeber Ferial und Mariusz begrüßen mich herzlichst und spazieren mit mir zu Fuß bis ans Ende von Europa. Klingt super aufregend! Umso amüsierter bin ich, als ich den knapp 1,80 m hohen Maschendrahtzaun mitten im Wald erblicke, der sich Richtung Strand an einem einsamen Stoppschild vorbeischlängelt, bis er in den Wellen verebbt. Links von mir genießen ein paar Badegäste ihr Sonnenbad, rechts von mir ist Niemandsland und der Strand unberührt. Es soll einer der für mich skurrilsten Orte meiner gesamten Reise sein…

Ich habe das Glück Anton, einen Freund aus Minsk in Weißrussland zu besuchen, der mir knapp eine Woche hingebungsvoll den Nordwesten seines Landes zeigt. Belarus hatte ich noch nie richtig auf dem Schirm gehabt, dabei ist es voller Herzlichkeit und Gastfreundschaft, Gebäuden und religiösen Stätten, die aus einer multikulturellen Zeit vor der Sowjetunion zeugen, klarsten Seen und schönsten Landschaften. Ich darf in Polozk die älteste Kirche des Landes besichtigen und darin das älteste Graffiti bestaunen, das ich je gesehen habe. Jemand hat im Jahre 1053 seinen Namen in die Wand geritzt… Mit vollem Herzen und Magen geht es zum vorerst letzten Mal über diese, als Europäerin ungewohnt, raumeinehmenden Grenzen. Sechs Schlagbäume gilt es jedes Mal zu überwinden, da man erst aus Europa ausreisen muss, um nach Belarus oder Russland einzureisen und umgekehrt. Zwischen 1,5 bin 2,5 Stunden dauert das jedes Mal. Doch nun bin ich erstmal wieder in Russland und mache ein paar Tage Halt in meinem geliebten Pskow, um Freunde zu besuchen.

Obligatorisch für mich ist ein Besuch bei Aleksandr Ivanic, der die meiste Zeit des Jahres in seiner Datscha, einem russischen Landhaus, lebt. Der ehemalige Gefängnisarzt ist einer der unverfälschtesten Personen, die ich je getroffen habe und aus irgendeinem Grund verstanden wir uns bei unserer ersten Begegnung auf Anhieb, trotz Sprachbarriere. Die Fahrt zu ihm ist purer Enduro-Genuss, denn die Straße wird immer dünner und endet als Offroadspuren im Wald. Die Freude, sich wiederzusehen, ist groß und ich darf zauberhafte drei Tage mit ihm, seiner Frau und den fünf Enkelkindern genießen, die den Sommer hier verbringen. Nebst strahlenden Augen und duftender Wiesen, beinhaltet das russische Landleben die herrlichsten Speisen aus dem Garten. Kulinarischer Höhepunkt ist die Tafel auf einem estländischen Volksfest, die märchenhaft und mit allerhand selbst gemachten Köstlichkeiten bis auf das letzte Fleckchen reich gedeckt ist. Es wird gesungen und getrunken und es spielt keine Rolle, dass es erst Mittag ist. Auf dem Rückweg nehmen wir noch ein kühlendes Bad in einem

Fluss und nach dem Abendessen liefern die Grillen mit ihrem Zirpen den perfekten Soundtrack zum Sonnenuntergang. Es fällt mir immer schwer diesen paradiesischen Ort sowie seine zauberhaften Menschen zu verlassen, die mir nun noch mehr ans Herz gewachsen sind. Obwohl mein großes Abenteuer eigentlich erst beginnt, laufen ein paar Tränen und ich muss Ivanic versprechen mich regelmäßig von der Reise zu melden.

Über St. Petersburg und vorbei an zwei grasenden Elchen am Straßenrand, komme ich nach Weliki Nowgorod. 859 gegründet, ist es eine der ältesten Städte und spirituelles Zentrum Russlands. Der alte Kreml liegt direkt am Ufer des Wolchow und beherbergt eine der ältesten Kirchen des Landes. Ich spaziere durch dieses kulturelle Andenken und sauge alles in mich auf, bevor ich mich auf den Spuren meines Großvaters, in von nun an unbekanntes Terrain, aufmache und die erste Stadt, in der auch mein Opa war, besuche. Es geht nach Tscherepowez. Wie werden die Russen wohl auf meine Familienrecherche reagieren? Über diese Stadt hatte ich einiges nicht so einladendes gehört. Als eher ärmliche Industriestadt, wurde mir ausdrücklich zur Wachsamkeit und Misstrauen geraten, das Motorrad immer anzuketten und Gepäck mit ins Hotel zu nehmen. Außerdem soll ihr Name vom russischen Wort *cherep* kommen, was Schädel heißt. Eigentlich gebe ich nicht viel auf solche Informationen, aber nachdem ich 13 Stunden lang 560 km durch trübes Wetter gefahren bin und im Dunkeln eine apokalyptisch, dem Anschein nach brennenden Stadt erblicke, spielt meine Hirnrinde die gespeicherten Tapes wieder ab. Was zum Teufel mach ich hier eigentlich?

Zum Glück bin ich zu erschöpft, um dieser Frage nachzugehen, suche mir ein Hotel, kette tatsächlich das Motorrad an und nehme mein Gepäck mit aufs Zimmer. Willkommen im Abenteuer!

Die Aufregung hält nur den kurzen Moment vor dem Tiefschlaf, denn bei Tag zeigt sich die Sonne am blauen Himmel und der erste unwohle Eindruck ist wie weggeblasen. Wieder alles nicht so wild, wie die vorauseilenden Legenden besagen. Auch hier leben Menschen und bewältigen ihren Alltag. Alla zum Beispiel, die im örtlichen Heimat- und Kriegsmuseum arbeitet und vor 14 Jahren noch Deutsch unterrichtete. Mein Vorhaben, etwas zu finden was mein Opa eventuell wiedererkennen könnte, begeistert sie. Aufgeregt zeigt sie mir nicht nur Gegenstände aus dem Lager, die sie hier ausstellen, sondern erklärt mir auch, wo der Ort ist, an dem das Lager einst war. Die Gebäude waren in den 70er Jahren zerstört worden und heute ist das Territorium ein wilder Park am Ufer des Scheksna. Besucher baden und grillen am Strand. Nun bin auch ich hier, genau wie einst mein Großvater. Ziel erreicht. „Und? Was bedeutete es nun hier zu sein?" höre ich mich selbst fragen. Ich kann es nicht wirklich beantworten, aber es fühlt sich bedeutend an hier zu sein. Schlicht und einfach, dass es überhaupt möglich war, hier zu sein. Kaum zu glauben, dass Opa unter ganz anderen Vorzeichen einst hierher gefunden hatte. Der Gedanke daran fühlt sich nicht richtig an, heute hier sein zu können schon. So fühlt sich also Frieden an. Es fühlt sich richtig an.

In meinem nächsten Ziel Wologda, ist es mir sogar

möglich Gebäude aus den Erzählungen meines Opas zu erkennen. Das Gefängnis, an dem er auf dem Weg in die Stadt vorbeimarschierte, gibt es immer noch. Genau wie das Krankenhaus, in dem ihm ganz knapp das Leben gerettet wurde. Dort zu sein ist bewegend, denn hier besiegelte sich damals schließlich auch mein Schicksal. Ich rufe Opa vom Innenhof des Krankenhauses an und kann diesen Moment mit ihm teilen.

Dank zweier sehr freundlicher und hilfsbereiter Damen in der hiesigen Touristeninformation, erhalte ich am nächsten Tag die Telefonnummer von Anatoli, einem Historiker und Kafka-Spezialisten, der besser Deutsch spricht als ich. Eine halbe Stunde nach meinem Anruf treffen wir uns und er führt mich auf den Parkplatz einer Berufsschule und einem Gerichtsgebäude. Damals wohnten hier die Gefangenen und wo heute Autos parken, war der Appellplatz. Das ist unglaublich! Ich muss Opa wieder anrufen, der es auch nicht glauben kann und sogar ein paar Worte mit Anatoli wechselt. Der junge Historiker, der seit 15 Jahren mit einem Kollegen an der Aufarbeitung und Erhaltung dieser Vergangenheit arbeitet, Bücher veröffentlicht und eine umfangreiche Internetseite aufgebaut hat (russki-plen.ucoz.ru) will mir mehr über seine Arbeit erzählen und lädt mich kurzerhand zu sich ein. Er räumt seine Garage für meine Maschine frei und kocht uns stilecht Abendessen aus der Ernte des Gartens seiner Datscha, während ich mich durch die Bücher, Lagerzeichnungen, Luftbilder und Zeitungsartikel wühlen darf. Eine solche Begegnung hätte man nicht besser planen können. Fügung? Ich bin dein größter Fan!

Ohne Weiteres hätte ich noch länger bleiben können, aber ich werde unwissentlich erwartet. Letztes Jahr hatte ich den Weg mit einem Freund aus Pskow zu dessen Onkel und Vater ins beschauliche Makarjew gemacht, dass abseits der Hauptstraßen am Ufer des Unscha liegt. Damals hatte man mir das Versprechen abgenommen wiederzukommen, sollte ich mal wieder in der Nähe sein. Ich habe keine Telefonnummer, um mich anzukündigen, aber ich bin nah genug, um das Versprechen einzulösen. Nach der letzten größeren Stadt Kostroma verlasse ich die gut geteerte Hauptstraße und begebe mich auf spärlich geteerte Abwege. 200 km feinster Flickenteppich und Schlaglöcher liegen vor mir und meiner treuen Einzylinderin. Mit maximal 55 km/h bahnt sie sich, unbeeindruckter als ich, ihren Weg. Fünf Stunden lang. Im Dunkeln kommen wir an. Die Erleichterung war dicht gefolgt von der Frage, ob ich das Haus wiederfinde und überhaupt jemand zuhause sein wird. Kurze Zeit später stehe ich im Garten. Ich muss grinsen. Niemand in der Welt weiß gerade wo ich bin – nicht einmal die zwei älteren Herren, die ich nun besuchen werde. Ich würde ja gerne klingeln, um mich anzukündigen, aber eine Klingel existiert nicht. Ein paar Schritte später stehe ich dann einfach im Wohnzimmer. Das Wiedersehen ist wie immer sehr herzlich und es ist, als hätten wir uns letzte Woche erst gesehen. Ich bin erleichtert, glücklich und fasziniert davon, wie das Gedächtnis Orte abspeichern kann. Unmittelbar fühle ich mich in diesem 50 Jahre alten Holzhaus, in Schräglage am Hang eines Klosterhügels stehend, ohne fließend Wasser, heimelig. Der Willkommens-Wodka wirkt wie ein Schlafmittel und mir fallen im Sitzen die

Augen zu. Ich werde ins Bett des Hausherrn geschickt, der auf die Couch zieht. Hier schlief ich bereits vor einem Jahr zum Klang des russischen Fernsehers ein, der immer zu laufen scheint.

Vor einem Monat habe ich meine Heimat verlassen. Es kommt mir viel, viel länger vor. Bevor ich einen nächsten Gedanken fassen kann, schlafe ich ein.

Die folgenden vier Tage, die ich mit Vasili und Wladimir verbringen darf, sind zauberhaft. Sie sind pensionierte Fischermänner und leben hier in einfachsten Verhältnissen. Trotzdem gelingt es vor allem Wladimir, der schon morgens mit dem Kochen beginnt, immer etwas super Leckeres zu zaubern, ebenfalls mit Zutaten aus dem Garten. Ich bin völlig beseelt von der Großzügigkeit, mit der er so bedingungslos sein Zuhause mit mir teilt. Wladimir entschuldigte sich, dass er mir nicht mehr bieten kann, dabei bin ich dankbar erfahren zu können, wie wenig es doch zum eigentlichen Leben braucht. Obwohl der Eisschrank bis zum Rand gefüllt mit Fisch ist, tut mir Vasili den Gefallen und fährt mit mir zum Angeln raus. Völlig entspannt und mit einer Engelsgeduld entwirrt er das Knäuel zu einem Netz und lässt es ins Wasser. Einen Tag später holen wir acht Fische ein und pflücken ein paar Pfifferlinge im Wald. Auf dem Weg nach Hause treffen wir einen Mann, der einen riesigen Eimer voller Blaubeeren und eine Einkaufstüte voller Pilze gesammelt hat. Ich soll so viel Beeren mitnehmen, wie ich tragen kann und er schenkt mir einen prächtigen Steinpilz.

Bevor ich mich an dieses gemütliche Treiben noch gewöhne, muss ich weiterfahren. Als hätte Wladimir etwas dagegen, kramt er am Morgen meiner Abreise seine Bilderkiste heraus und erzählt mir erstmal aus seinem Leben. Gegen Mittag hilft mir Vasili in den Rucksack, die zwei begleiten mich zum Motorrad und winken, bis sie in meinem Rückspiegel verschwinden.

Nischni Nowgorod ist die fünftgrößte Stadt des Landes, der ich die Geschichte eines mehr als interessanten Mannes entlocken kann. Sein Name war Andrei Sacharow und er war Physiker, Vater der Wasserstoffbombe und Friedensnobelpreisträger. Das geht zusammen, weil er durch seine Arbeit erkannte, wie verheerend die Zerstörungskraft nicht nur vor Ort, sondern auch global ist, da alles auf diesem Planeten miteinander verbunden ist. Der wahre lokale Ort ist der Planet Erde. Fortan setzte er sich für diese Erkenntnis und ein sensibleres Bewusstsein ein und verschrieb sein Leben dem Schutz der Erde. Zur Zeit des Kalten Krieges traf ein solches Engagement nicht wirklich auf Gegenliebe und er wurde mit seiner Frau zu einem 6-jährigen Exil in eine Wohnung im Süden der Stadt verbannt, welche heute ein wundervolles Museum ist. Die nächste Stadt Kasan bietet mir einen ganz neuen Eindruck von Russland. Die Hauptstadt der halbautonomen Republik Tatarstan verfügt seit 2005 über die größte Moschee Europas. Gemeinsam mit der orthodoxen Kirche ragt sie über die Mauern des Kremls und ist Teil einer beeindruckenden Skyline. Etwas außerhalb der Stadt beeindruckt mich auch der Tempel aller Religionen. Nach einer Eingebung hatte ein Mann zur Schaufel gegriffen und begonnen ihn zu bauen. Bis heute wird ihm dabei geholfen.

Einen Tagesritt ist Ufa nun noch von mir entfernt, welche ich ursprünglich zu meinem östlichsten Ziel erkoren hatte. Ich freue mich darauf Berge zu sehen und habe mir die ganze Zeit eine Gebirgswand vorgestellt, die es mir erleichtern wird, meine Fahrtrichtung gen Heimat einzuschlagen. Ich finde allerdings nur eine Hügellandschaft vor. Dies für mich auszuwerten, stelle ich erstmal hinten an, denn es ist Samstag und wir brauchen mal dringend einen Ölwechsel. Da ich keine Ahnung habe, wie Motorradwerkstätten heißen, frage ich das Internet nach Bikershops. Dort sollte man mir doch sagen können, wo ich eine gute Garage finden würde. Es ist schon 15 Uhr, als ich in den Motocross-Laden gehe. Hinter dem Tresen begrüßt mich Valeri, der mir gleich nach draußen folgt, um mit eigenen Augen zu sehen, was ich ihm da gerade erzählt habe. Nach seinem herzlichen Lachen zu urteilen findet er das alles ziemlich abgefahren. Er schaut auf die Uhr, zieht die Augenbrauen hoch und verschwindet. Was dann folgt, ist mit die coolste Aktion der gesamten Reise. In einem Blaumann bekleidet, spaziert er an meinem fragenden Gesicht vorbei, rollt meine Maschine hinter den Laden und beginnt damit, eine Freiluftgarage zu eröffnen. Er mache seine Ölwechsel immer selbst, erklärt er mir, dass bekäme er schon hin. Ich vertraue ihm sofort und eine Stunde später ist nicht nur der Ölwechsel erledigt, sondern auch Ladenschluss und eigentlich Wochenende. Nun kommt auch noch Roman, der Besitzer des Ladens hinzu und jetzt werkeln zwei Männer an der Maschine der deutschen Frau herum. Sie arbeiten sich vor zum gerissenen Gummipuffer am Gepäckträger, durchbohren und fixieren ihn. „Russische Innovation“ nennt es Valeri. Sie bringen sogar meinen Tacho und Drehzahlmesser wieder ans Laufen. Um ca. 21 Uhr wird die letzte Schraube festgezogen und ich habe den Eindruck, dass die Freude bei den Menschen, die an diesen magischen vier ölverschmierten Händen hängen, größer ist als bei mir. Der Firmenaufkleber, den sie nach getaner Arbeit meinem Koffer verpassen, fühlt sich an wie ein Ritterschlag.

Der nächste folgt gleich zwei Tage später in Tscheljabinsk. Ich habe mich doch entschlossen weiterzufahren und war nun tatsächlich schon in Asien! Den Marker an der Straße habe ich übersehen, da ich ihn wohl für eines der zahlreichen Monumente gehalten habe, die an Russlands Straßenrändern stehen. In der Innenstadt treffe ich auf einen Antikhändler, der mir einen Metallpin von seiner Stadt schenkt, dem nun offiziell östlichsten Punkt meiner Reise. Fast feierlich steckt er ihn mir an die Jacke. Ritterschlag eben.

Wenn ich schon mal hier bin, so wollte ich auch noch Jekaterinburg sehen. Viel spannender als die Stadt ist Juri, der mich in perfektem Englisch anspricht. Vor knapp zwei Jahren war er selbst mit seinem Motorrad von hier bis zur französischen Atlantikküste gefahren, was mir kurioserweise als eine völlig verrückte Unternehmung vorkommt. Er ist aktiver Couchsurfer und bietet mir an bei ihm zu übernachten. Er ist der perfekte Gastgeber. Super locker, weltoffen, herzlich, gesprächig und einfach unglaublich humorvoll. Wir reden bis uns die Augen vor Müdigkeit zufallen. Tagsüber arbeitet er und ich machte mit Hilfe seiner Empfehlungen die Stadt unsicher. Nach Feierabend holte er mich mit seiner Schwester ab und lotste mich zu den drei Marksteinen, die in dieser Gegend die Grenze zwischen Asien und Europa kennzeichnen. Wir machen Fotos und Juri fragt mich, wie ich mich fühle. Das ist gar nicht so einfach zu beantworten. Die Sentimentalität, die in der Tatsache steckt, dass ich zurückfahren muss, ist von der Realisierung überdeckt, dass man echt viel erlebt, wenn man einfach mal in eine Richtung fährt. Schließlich habe ich das Motorradfahren nicht neu erfunden, sondern bin anstatt zum Supermarkt, einfach in den Ural gefahren. Für mich liegt etwas erschreckend, aber auch beflügelnd unspektakuläres in dieser Tatsache.

Am nächsten Tag breche ich völlig überzeugt im strömenden Regen gen Westen auf. Nach einer Stunde bin ich bereits komplett durchgeweicht und durchgefroren. Ich ärgere mich, einen der schönsten Streckenabschnitte der gesamten Reise, unter diesen Voraussetzungen zu erleben. Als der Regen kurz mal innehält, taucht ein bestimmt 10 Meter hohes, gelbes Orthodoxes Kreuz vor mir auf. Sonst ist hier nur Wald. Ich halte an, um mich umzuziehen. Der Regen hat sich gnadenlos am Hals entlang den Weg zu den untersten Schichten meiner Kleidung gebahnt und meine gesamte Brustpartie unter Wasser gesetzt. Ich ziehe mich bis auf die Unterwäsche aus und alles an trockener Kleidung an, was ich habe. Plötzlich entdecke ich einen Mann, der die Straße hinaufgelaufen kommt – direkt auf mich zu. Ich denke noch, dass er wohl Hilfe braucht. Er zeigt auf die Bäume, sagt er habe mich von dort gesehen und dachte ich sei bestimmt liegengeblieben und brauche Benzin. Dann hebt er seinen 5 Liter Kanister hoch und lächelt. Mir ist als habe ich eine Erscheinung. Hier

Draußen auf einen Menschen zu treffen, der mir unaufgefordert helfen will, lässt mich hemmungslos auch überall sonst auf Hilfe vertrauen.

Den Rest des Tages fahre ich im Regen und im Kreis. Da ich keinen Empfang habe und mit dem Handy navigiere, verliere ich die Orientierung. Ich entschließe die geplante Tagesetappe zurück nach Ufa zu unterbrechen und kehre in einem Hotel am Straßenrand ein. In 7 Stunden habe ich nur knapp 250 km geschafft. Ich bin am Ende meiner Kräfte. Wortlos legen meine Gastgeber Holz nach, um die Zentralheizung anzufeuern und fordern mich auf, meine nassen Sachen im Heizungsraum aufzuhängen, heiß zu duschen und zum Essen zu kommen. Es ist ein abgefahrenes Gefühl, wenn die Lebensgeister wieder zurückkehren.

Der nächste Tag ist mein Geburtstag. Ich bin wieder bei Kräften, die Schuhe fast trocken und ich kann die Tatsache genießen, ohne Empfang irgendwo im Ural zu sein. Das Wetter ist besser und es liegt noch eine wunderschöne Strecke vor mir, die ich genieße.

Am nächsten Tag verlasse ich den Ural mit einem spektakulären letzten Hügel, von dem aus ich das flache Land vor mir überblicken kann, während ich ein Stück Käse esse, das dummerweise in dem Koffer lag, der nun über Tag Richtung Sonne zeigt. Was folgt, ist sowas wie eine Lebensmittelvergiftung. Drei Tage lang. Alles, was ich nebst dem Fahren tun muss strengt mich so an und läuft so sehr im Schneckentempo ab, dass ich eigentlich nur Strecke mache.

Zum Glück geht es mir an dem Morgen, an dem ich in Wolgograd erwache, gut genug, um mir die Monumental-Statue „Mutter Heimat ruft“

anzuschauen. Mit 85 Metern ist sie eine der größten Statuen der Welt und erinnert an die historische Schlacht zu Stalingrad. Ich schätze eine Stunde zu brauchen, um den Berg hinauf zu gehen, auf dem sie thront. Weit gefehlt. In Russland weiß man, wie man Denkmäler anlegt und die Betonstatue ist nur der höchste Punkt einer Gedenkstätte. Man muss erst mehrere Level durchlaufen, vorbei an Statuen und durch eine riesige Halle, in der eine noch riesigere Hand die ewige Flamme hält. Die 3,5 Stunden, die ich dort verbringe, bin ich durchgehend beeindruckt. Zwar gedenken die Russen primär dem Sieg, aber dieser Ort ist so kolossal und monströs, dass er mich demütig fühlen lässt und etwas tief Mahnendes ausstrahlt, was unabhängig von Sieg und Niederlage ist. Südlich von Wolgograd beginnt die Region der Kaspischen Senke und ich finde mich plötzlich in einer soliden Steppenlandschaft wieder. Es hat doch was, wenn man sich so gar nicht groß über seine Route informiert. So erlebt man echt viele Überraschungen. Ich habe keine Ahnung, dass ich mich in einem Gebiet befinde, dessen tiefste Stelle 132 Meter unter dem Meeresspiegel liegt.

In den folgenden zwei Tagen fahre ich an Salzseen vorbei, verlassenen Tankstellen, die dem wilden Westen in nichts nachstehen und übernachte in Elista, das mit seinen Pagoden-ähnlichen Gebäuden eher aussieht wie ein Ort im fernen Osten. Tatsächlich ist es die Hauptstadt der Region Kalmückien, in der einmalig in Europa der Buddhismus die vorherrschende Religion ist. Im Hostel treffe ich Cassandra, eine englische Schriftstellerin und Yogalehrerin, die eigentlich in die Mongolei wollte. Aufgrund von Zeitmangel aber wurde ihr empfohlen hierher, in die Mini-Mongolei zu kommen, wie sie mir erzählt. Wir verstehen uns wundervoll und sie nimmt mich mit in den örtlichen Tempel, indem mit neun Metern die momentan höchste Buddha-Statue Europas steht. Hier fühle ich mich am weitesten entfernt von Zuhause.

In Tscherkessk erwartet mich Shamil, den ich im Jahr zuvor in Pskov kennengelernt hatte und sich als mein Endgegner in punkto Gastfreundschaft entpuppt. Er blüht als Gastgeber so richtig auf und mit der Ansage, dass ich 2 bis 3 Tage bleiben kann, bucht er gleich mal für drei Nächte ein Hotel in dem Ferienörtchen Dombai, inmitten der Berge. Meine Schuhe hält er für diesen Ausflug für gänzlich ungeeignet und stattet mich prompt mit ordentlicher Besohlung aus. Keine Wiederrede. Er organisiert einen Ausritt durch die Berge, für den ich die Sitzbank mit einem echten Sattel tauschen muss. Mit der Seilbahn geht es hoch bis auf 3.200 Kaukasische Höhenmeter. Es ist atemberaubend schön. Mindestens fünfmal täglich geht Shamil mit mir Essen. Ich soll so viele kulinarische Köstlichkeiten seiner Heimat kosten, wie möglich. Ständig bringt er mich zum Lachen. Er ist wirklich ein Goldstück und der Abschied fällt mir wieder schwer.

Auf meiner letzten Etappe halte ich in Schachty, dem letzten Ort, in dem mein Großvater war, bevor er Weihnachten 1949 nach Hause entlassen wurde. Ein junger Museumsmitarbeiter namens Dima hilft mir die Schule ausfindig zu machen, in der mein Opa höchstwahrscheinlich untergebracht war. Die Nacht verbringe ich in einem von Kosaken geführten Hostel. Der Chef ist eine betont politische Person. Anstatt sich mit mir zu unterhalten, bombardiert er mich mit

zahllosen unangenehmen Fragen zu Merkel, Putin und Mindesteinkommen. Permanent will er mich zu Fotos und Interviews bewegen, die er zu Werbezwecken für seine Partei nutzen will. Das ist mir weder geheuer noch recht und es gelingt mir nur mit Mühe und Beharrlichkeit ihm das auszureden. Eine komplett neue Erfahrung auf dieser Reise. Bisher hatten mich die meisten Russen gefragt, wie ihr Land denn so sei. Es gibt mir zu denken wie eingeschränkt die Kommunikation doch ist, sobald man die Welt ausschließlich politisch wahrnimmt. Ich muss an die Worte meines Großvaters denken, der immer sagt, dass die Leute nett zu ihm waren, „es sei denn sie hatten eine extreme politische Gesinnung…" Eine Aussage und Erfahrung, die sich nun als zeitlos herausstellt.
Den Osten der Ukraine muss ich wegen des Krieges umfahren. Südöstlich von Kursk überquerte ich die Grenze zur Ukraine und fahre über Sumy nach Kiew. Westlich von Kiew spricht mich ein junger Motorradfahrer an. Taras ist auf dem Weg nach Kroatien und will auch in Lwiw übernachten. Er bietet an, mir seine Lieblingsstadt zu zeigen. Im Stadtbild sind ungefähr jeder architektonische Stil und jede Epoche vertreten. Eine absolute Überraschung und wahrlich zauberhafte Stadt. 70 km weiter befindet sich bereits die Grenze zu Polen. Als sei ich durch ein Sternentor gereist, spukt sie mich gefühlt bereits in der Heimat wieder aus. Die Autobahn ist ausgebaut wie daheim. Die asphaltierte Gewissheit, dass das Abenteuer vorbei ist. Unmittelbares Fernweh stellt sich ein. Fast unbemerkt finde ich mich zwei Tage später in Deutschland wieder. Die letzte besondere Begegnung dieser Reise, ist die mit meinem Großvater. Die Rührung, die er verspürt, als er

meine Karre und mich vor seiner Haustüre erblickt, kann er nicht verbergen. Spätestens als ich den Ehering meiner Großmutter, der nun super poliert vor sich hin glänzt, wieder zu seinem hänge, setzt auch bei mir Rührung ein. Hier also schließt sich nun der Kreis. Effektlos lässt sich ein Leben eben nicht leben. Und alleine reisen? Das ist auch völlig unmöglich.

Reisen gehörte zum Glück schon immer zu meinem Leben dazu. Als Kind hat unsere Mutter meinen Bruder und mich schon auf Roadtrips durch Europa mitgenommen. Ob mit Begleitung, im Campervan mit meiner Schwester, Backpacking mit einer Freundin oder solo auf meiner treuen XT500 – ich bin einfach neugierig den Planeten kennenzulernen, auf dem ich lebe. Und ist es nicht letztendlich *die* Metapher für das Leben selbst… So reise ich eigentlich immer. Wenn nicht im Außen, so im Innern. Ich reise schon länger nicht mehr um auszusteigen, sondern um einzusteigen. Das hat alles verändert. Und so bin ich dankbar, ehrfürchtig und kann das Leben als Abenteuer und Reise verstehen und die Welt als Heimat. Als studierte freischaffende Künstlerin und Fotografin, die sich nun auch ins Filmen und Schreiben verliebt hat, dokumentiere ich diese Reise(n), da es mir Freude macht, meine Erlebnisse zu teilen, Menschen zu inspirieren und einen Teil zur „Wahrheit" beizutragen.
Fotografisch, künstlerische Arbeiten gibt es unter melanie-stegemann.com zu entdecken.
Was ich schreibe ist auf **go-your-heartest.com** und auch @go-your-heartest bei Instagram zu finden.

KAPITEL 6

Ein Roadtrip in ein neues Leben – Eine Reise ohne Rückkehr

von Daniel & Viktoriya Besting

» Eine lange Reise hoert
nicht am Ziel auf.
Ein Stueck von uns wird
im Geiste immer
weiterreisen.«

- *Andreas Bechstein*

Daniel:

Neuseeland. Dieses weit entfernte Land. Ich wusste, ich wollte dorthin. Bereits nach meinem Abitur hatte ich den Plan dorthin zu reisen. Doch meine Eltern hatten es mir ausgeredet. Zuerst das Studium. Und dann wurde es immer später. Ganze 7 Jahre. Es kam immer etwas dazwischen. Meine Freundin, Viki und ich, wir waren ein richtiges Power-Pärchen, haben studiert und nebenbei viel gearbeitet. Nachdem wir beide unser Masterstudium mit 26 abgeschlossen hatten, hätten wir einfach weiter machen können, an Jobangeboten mangelte es nicht. Aber wir sehnten uns nach einer Pause. Wir wollten nicht gleich weiter machen im Plan Schule – Studium – Job – Eigenheim – Heiraten – Kinder – Rente. Nein, in Wahrheit schrie mein Körper nach einer Pause und ich wusste, jetzt ist der Moment. Es zog mich dorthin. Ich musste nach Neuseeland. Jetzt, oder nie.

Viki:

Ich wollte nie eine Weltreise machen. Ich liebe Reisen und ich bin schon viel gereist. Aber ein Jahr? Die ganzen Eindrücke kann man doch gar nicht verarbeiten oder wertschätzen. Eine Zeit- und Geldverschwendung. „Diesen Trend mach ich sicher nicht mit!“, dachte ich mir. Und doch wurde uns zum Ende des Masterstudiums klar: Bevor wir komplett ins Arbeitsleben einsteigen, gehen wir reisen. Auf unbestimmte Zeit. Dort wo es uns hintreiben würde. Was hatte sich geändert? Die letzten Jahre waren sehr emotional. Wir hatten mit Krankheiten und familiären Herausforderungen zu kämpfen. Drei von Daniels Großeltern sind in einem Jahr von uns gegangen. Manchmal unerträglich schnell, manchmal schmerzvoll langsam. Als wir beide unseren Master abgeschlossen hatten, war gerade Ruhe eingekehrt und es fühlte sich alles so schön an. Fast zu schön, um zu gehen. Doch es fühlte sich auch so an, wie die letzte Chance, bevor uns das Arbeitsleben komplett absorbierte und 5 Wochen Urlaub unsere Reisen diktieren würden. Jetzt, oder nie!

Daniel:
Wir gingen auf eine Reise auf unbestimmte Zeit. Wir wollten, dass uns nichts zurückhielt. Wir lösten unsere Wohnung auf, verkauften alles was wir konnten auf dem Flohmarkt, kündigten unsere Jobs. Irgendwann war der große Tag da und der One-Way-Flug nach Bangkok am 31.10.2018 war gekommen. Wir legten einen Zwischenstopp von ein paar Wochen in Asien ein, bevor es weiter nach Neuseeland ging. Voller Vorfreude fuhren wir zum Wiener Flughafen, unwissend, wann wir wiederkommen würden und was diese Reise bringen würde.

Viki:
Wir waren uns unserer Entscheidung so sicher. Jeder Schritt fühlte sich so richtig und natürlich an, dass die Zweifel mich wie ein Erdbeben erschütterten. Wir saßen in unserer wunderschönen hellen Wiener Altbauwohnung. Sie war leer, bis auf das große moderne Galerie-Holzhochbett, das wir mit unseren eigenen Händen in diese Wohnung gebaut hatten und die riesige Couch, die wir geschworen hatten, nie aus dieser Wohnung hinauszutragen. Fast 4 Jahre war es unser Zuhause. So viele Momente und Erinnerungen, so viele tiefe Gespräche, freudevolle Partys, erschütternde Streits, schmerzvolle Verluste, wohltuende Versöhnungen, liebevolle Begegnungen, überwundene Ängste und

erreichte Erfolge. All das kam hoch. Und nun hörte ich all die Stimmen, die gegen unsere Reise waren und in den letzten Monaten auf uns eingeprasselt sind: „Das könnt ihr nicht machen!", „Wie sieht das im Lebenslauf aus!", „Ist das überhaupt sicher!", „Mit dem Geld könnt ihr doch was Besseres anstellen!", „Wie könnt ihr das eurer Familie antun!" Wenn ich in diesem Moment noch die Möglichkeit gehabt hätte zu bleiben, vielleicht wäre ich geblieben. Doch die Reise war wie ein Zug, den man nicht mehr so einfach aufhalten konnte. Das Zuhause war nun das neue Zuhause von jemandem anders, unser Zeug verkauft, unsere Tickets gebucht. In Wahrheit hatte die Reise schon begonnen und nie hätten wir ahnen können, was die Reise für uns bereithielt.

Daniel:
Gelandet in Bangkok machten wir alles falsch. Wir gaben uns dem Jetlag hin, standen um 4 Uhr am Nachtmittag auf, gingen um 4 Uhr in der Nacht schlafen. Zwar hatten wir uns nach Wärme gesehnt, doch die drückende Hitze der Stadt überwältigte uns. In unserem Zimmer ohne Fenster fühlte sich die Reise gar nicht traumhaft an. Die Stadt war immer dunkel. Vielleicht wegen dem Smog, oder weil wir sie nie vor 4 Uhr Nachmittag gesehen haben. Und so hatte die Stadt etwas Mystisches. Genauso wie die Begegnung, die wir dort hatten. Wir wagten uns aus dem fensterlosen, aber klimatisierten Zimmer in die drückende Hitze der Stadt. Als wir uns durch die Mengen schlängelten, hörten wir eine vertraute Stimme rufen: „Hey, seid ihr nicht aus Wien?" Es waren bekannten Gesichter, auch wenn wir sie kaum kannten. Dieses Paar hatte unsere Wohnung mal untergemietet, als wir sechs Wochen Ghana bereist

haben. Noch heute kann ich es nicht glauben, durch welchen Wink des Schicksals wir einander über den Weg gelaufen sind. In einer 8 Millionen Einwohner Stadt. Wir verabredeten uns für ein Abendessen am selben Abend. Dort erzählten sie uns über ihr Leben. Sie arbeiteten wann und wie lange sie wollten, sie reisten um die Welt, übernachteten in Luxus-Hotels, ohne ein festes Zuhause zu haben. Sie wirkten sehr glücklich. Der Abend ist schnell verflogen. Wir reisten am nächsten Tag weiter mit dieser mysteriösen Begegnung im Gepäck.

Viki:

Wenn ich heute auf diese Begegnung zurückblicke, wird mir bewusst, dass dieses Ereignis unser Leben komplett verändert hat. Nicht spürbar in dem Moment, es war mehr eine kleine Kursänderung, die schlussendlich unser Ankunftsziel komplett veränderte. Es waren aber nicht die Luxus-Hotels und auch nicht die Business-Class Flüge, die mich beeindruckt hatte. Sondern etwas ganz anderes: Die beiden erzählten, dass es keine Rolle spielte, ob Montag, Samstag oder Sonntag war, sie wachten ohne Wecker von allein auf und konnten ihrem Körper auch etwas mehr Schlaf geben, wenn es erforderlich war. Sie wirkten so zufrieden und gestalteten ihr Leben nach ihren eigenen Vorstellungen, abseits der uns bekannten gesellschaftlichen Norm. Es war, als ob sie eine neue Welt für mich eröffnet hatten, die zuvor nicht mal in meiner Vorstellungskraft existiert hat.

Daniel:

Endlich saßen wir also im Flugzeug nach Auckland, Neuseeland. Auf dem Monitor war eine Weltkarte abgebildet. Und Neuseeland ist wirklich am anderen Ende der Welt. 11 Stunden Zeitunterscheid zu unserem ehemaligen Zuhause. Wir waren gar nicht auf die Reise vorbereit. Wir waren es so gewohnt in unserem Leben immer einen Plan zu haben. Dieses Mal wollten wir alles einfach auf uns zukommen lassen. Und es erwartete uns der absolute Alptraum. Nach mehr als 12 Stunden Flug wurden wir bei der Einreise 2 Stunden gefilzt und befragt. Vielleicht sahen wir verdächtig aus, vielleicht hatten wir ein falsches Kreuz am Formular gesetzt. Alles wurde ausgepackt, auch unsere Unterwäsche. Alles wurde sorgfältig durchsucht, jedes Blatt angesehen. All unsere ankommenden Nachrichten am Handy wurden gelesen. Währenddessen wurden wir durchgehend verhört: „Warum wollt ihr nach Neuseeland? Was wisst ihr über Neuseeland? Wann ist euer Rückflug? Wo werdet ihr wohnen? Wie finanziert ihr das? Habt ihr je Drogen wie Alkohol, Cannabis, etc. konsumiert?" Und viele mehr. Und so saßen wir da ohne Plan, mit nur einem gemieteten Rückflugticket, ohne geplante Unterkunft, ohne wirkliche Ahnung über Neuseeland. Mein Traum drohte zu sterben. Ich log dem strengen Flughafenmitarbeiter eiskalt ins Gesicht.

Viki:

Ich war kurz davor die ganze Wahrheit zu sagen, alles, über das gemietete Ticket und die nicht gebuchte Unterkunft und unsere Weltreise ohne Rückreisedatum. Doch Daniel neben mir blieb standhaft. Ich versuchte entspannt zu wirken, doch innerlich zitterte ich. Wenn der Beamte nach unserer Buchungsbestätigung für die Unterkunft fragen würde oder unser Ausreiseticket nach Doha in Frage stellen würde, dann würde unsere Geschichte bröckeln. Er wiederholte die Frage immer wieder: „Also ihr habt bereits eine gebuchte Unterkunft, oder?" Daniel antwortet nochmals, ohne zu zögern: „Ja, haben wir". Bis heute weiß ich nicht, warum er nicht nach der Buchungsbestätigung gefragt hat, nachdem er vorher jede andere Information akribisch überprüft hatte. Nach 2 Stunden, für uns gefühlt eine Ewigkeit, durften wir unser Gepäck wieder einpacken und zum Abschied meinte der Flughafenmitarbeiter freundlich: „Ihr habt ein langweiliges Gepäck. Schöne Zeit in Neuseeland." Aber das war erst der Anfang.

Daniel:

Auckland war eine schöne, moderne Stadt am Meer. Doch sehr schnell merkten wir, dass die Preise hier ganz anderes waren als bei unserem Zwischenstopp in Asien. Wenn man weiß, dass man viel mehr für sein Geld bekommen kann, dann macht alles nicht so viel Spaß. Ursprünglich wollten wir uns treiben lassen, Couchsurfing, Leute kennenlernen. Doch wir merkten schnell, wir brauchten Zeit für uns. Vielleicht war es die mysteriöse Begegnung in Bangkok oder die Ungewissheit, was als nächstes passieren würde. Wir wollte einfach allein sein mit unseren Gedanken und so gingen wir spontan am Tag nach unserer Landung einen Van kaufen. Eine Freundin hatte in Neuseeland einen Van gekauft, und den sogar mit Gewinn verkauft, nachdem sie ein Monat damit rumgefahren war. Das hörte sich super an. Leider hatten wir beide keine Ahnung von Autos. Wir gingen zu einem „Händler", um sicher zu sein, dass alles offiziell abläuft und uns niemand über den Tisch zieht. Ein junger deutscher Backpacker arbeitete hier und verkaufte Autos an andere Reisende. Bei unserer ersten Testfahrt verliebten wir uns in einen grau-beigen Nissan Serena 2005. Anstatt der hinteren Sitzreihen, gab es eine Matratze mit Holzgerüst und ganz hinten ein Waschbecken und Platz für eine Kochplatte. Uns wurde zugesichert, dass der Van „self-contained“ war und wir somit überall in Neuseeland campen konnten, auch irgendwo ganz abgeschieden in der Natur. Die Sticker für die Bestätigung des „self-contained-Status“ des Autos waren gerade aus und der junge deutsche Verkäufer wollte sie uns per Post nachschicken. Wenige Tage später war der Van fertig und wir konnten in unser neues „Zuhause“ einziehen.

Viki:

Wir waren voller Vorfreude, mit unserem Van die neuseeländische Natur zu erkunden, dass wir dem jungen deutschen Verkäufer voll vertrauten und uns keine Gedanken über den Sticker machten. Wir merkten auch nicht, dass das Air-Bag-Lämpchen beim Starten nicht aufleuchte. Es war das erste Auto, was ich je gekauft hatte. Wir waren einfach voller Glücksgefühle in unserem neuen Zuhause auf Rädern.

Daniel:

In Neuseeland gibt es viele kostenlose Campingplätze. Ein kleines Stück außerhalb von Auckland, direkt am Meer, war unser erster Stopp, um den Van fertig einzurichten. Am Narrow Neck Beach gab es einen Parkplatz, der einem Park zugewandt war und wir wachten jeden Tag mit einem Blick ins Grüne auf. Ein einzigartiges Gefühl. Am Strandzugang war ein kleines süßes Café, wo Viki gerne am Nachmittag Kaffee trank. Duschen, Toiletten und kostenloses Trinkwasser waren auch vorhanden.

Viki:

In den nächsten Tagen fuhren wir sämtliche Second-Hand-Geschäfte in Auckland und Umgebung ab, um unser neues Heim einzurichten. Gemütliches Bettzeug, Gaskocher, Kochutensilien, ein Campingtisch, Campingstühle. Alles, was wir auf unseren 6 Quadratmetern brauchten. Unser Bett und unsere Küche hatten wir immer dabei. Unser Wohnzimmer war die Natur, die Berge und das Meer. In dieser Zeit merkten wir, wie wenig wir brauchten, um glücklich zu sein. Wir führten ein minimalistisches Leben, aber es fühlte sich so erfüllend an. Wir fühlten uns so reich.

Daniel:

Wir fingen an die Nordinsel Neuseelands zu erkunden. Die Natur dort beeindruckte uns mit ihrer Vielfältigkeit. Gefühlt jede Stunde ändert sich das Landschaftsbild. Fast täglich wachten wir mit einer neuen Kulisse auf. Wir erkundeten langsam die Nordinsel, den Kaiiwi See, das Whanganui Tal und den Taupo See. Wir stiegen hinab in die Waitomo Glühwürmchen-Höhlen, verloren uns am Forgotten World Highway, besuchten den südlichsten Punkt der Nordinsel am Cape Palliser, badeten in heißen Quellen bei Rotorua, spazierten über den endlosen schwarzen Ngarunui Strand und erlebten viele Dinge, die schwer in Worte zu fassen sind. Doch das wirkliche Geschenk, das wirklich Besondere war, nicht die neuseeländische Natur. Es war einer der schönsten Flecken auf Erde, den ich je gesehen habe.

Viki:

Nach einigen Tagen unserer Reise übermannte mich eine Feststellung und ein komisches Gefühl. Ich hatte nichts vor. Gar nichts. Auch nichts in ein paar Monaten. Kein Rückflug, kein Termin, kein Job, kein nächstes Semester, einfach gar nichts. Zum ersten Mal in meinem Leben. Bevor ein Baby auf die Welt kommt, sollte man es bereits für den Kindergarten anmelden, um sich einen Platz zu sichern. Das bedeutet, von dem Moment, wenn man geboren ist, hat man schon etwas vor: den Kindergarten, dann Schule und dann am besten Studium. So geht es dann immer weiter. Und in diesem Moment sind wir aus diesem Plan ausgestiegen. Wir hatten NICHTS geplant. Wir konnten einfach in Neuseeland bleiben oder zurückfliegen oder jeden Flecken auf der Welt bereisen. Es gab keine Eile, denn wir hatten keine Termine. Zum ersten Mal in unseren Leben, lebten wir im Moment. Wir reisten wirklich langsam. Das war unser Tempo. Wir trafen andere Reisende, die sich innerhalb von drei Wochen abhetzten, um die Nord- und Südinsel zu sehen. Genau das wollten wir nicht. Wir saugten die Schönheiten Neuseelands mit Genuss auf.

Daniel:

Auch Weihnachten und Silvester verbrachten wir zu zweit, mit tiefen Gesprächen und leckerem Essen. Es war unser erstes gemeinsames Weihnachten. Es war wirklich kalt, obwohl es Sommer in Neuseeland war. Wir verbrachten viel Zeit im Van, was uns keinesfalls störte. Wir waren einen Monat unterwegs und unsere Autobatterie wurde leer. Als wir das Auto mit Hilfe von Fremden starteten, fiel unsere Rückfahrkamera aus. Tage später wollten wir das überprüfen und ein Albtraum erwartete uns. Als wir das Auto prüfen ließen, wurde uns erklärt, dass es nicht sicher ist damit zu fahren, da wir keinen funktionierenden Airbag hatten. In den kommenden Wochen stellte sich heraus, dass die Werkstatt, von welcher wir das Auto erworben hatten, Teil eines großen TÜV-Skandals in Neuseeland war. Wir wollten so sicher sein, dass das Auto in Ordnung war und haben es bei einem Händler gekauft. Doch genau dieser Händler war ein Betrüger. Als wir am Anfang bei der Werkstatt niemanden erreichten, dachten wir es war auf Grund der Feiertage. Doch als wir ein paar Wochen später nach Auckland zurückkamen, stellte sich heraus, dass die Werkstatt geschlossen hatte. Im Rahmen dieser Betrugsfälle in Neuseeland kam es zu einem Todesfall, als ein Sicherheitsgurt eines LKW-Fahrers in einer Unfallsituation nicht funktionierte. Wir hatten tausende Kilometer zurück gelegt mit einem kaputten Airbag.

Viki:

Ich habe richtig gekocht vor Wut. Ich war so wütend. Auf mich, auf Daniel, weil wir zu blauäugig waren und natürlich auf den Werkstatt-Betreiber, die TÜV-Werkstatt, den jungen deutschen Verkäufer. Hatte er das gewusst oder war er ahnungslos, welche Autos er verkaufte? Ich weiß es bis heute nicht. Aber es macht mich rasend, dass Menschen bereit sind, andere Menschenleben für mehr Profit aufs Spiel zu setzen. Wir haben den Vorfall an die Behörden gemeldet. Aber da es die Werkstatt nicht mehr gab, wurde der Fall vermutlich nicht weiterverfolgt. Es stellte sich heraus, dass unsere Zertifizierung „self-contained" ebenfalls ein Betrug war. Den Sticker hatten wir nie erhalten und fanden heraus, dass das Auto auch nie zertifiziert worden war. Fast hatten wir eine satte Strafe wegen illegalen Campens kassiert. Wir reparierten den Schaden auf eigene Kosten. Unsere Laune war deutlich getrübt. Doch obwohl uns dieses eine Beispiel von Unmenschlichkeit begegnete, trafen wir so viele andere großherzige und großzügige Menschen. Manche schenkten uns ein Lächeln, aufmunternde Worte. Eine überlaufene Werkstatt reparierte den Schaden an unserem Auto in den Weihnachtsfeiertagen, damit wir weiterreisen konnten. So viele großzügige Menschen schenkten uns Essen, weil ihre Reise vorbei war. In solchen Momenten, allein in einem fremden Land, ist es einfach, sich auf das Negative zu fokussieren. Doch wir haben uns anders entschieden. Nach Tagen der Verzweiflung ließen wir los und kehrten zurück zu den schönen Aspekten der Reise.

Daniel:
Wir hatten auf einmal so viel Zeit wie noch nie. Zeit zum Nachdenken und Reflektieren über unser Leben, zum Philosophieren. Wir nannten unser Auto liebevoll „philosopher van". Wir konnten unser eigenes Tempo finden und uns Gedanken machen, was wir mit unserem Leben anstellen wollen. Es war, als ob man langsam auf die Bremse tritt und das Auto entschleunigt und alles bewegt sich langsamer. In unserem früheren Alltag ging alles so schnell. Jeden Tag zwischen 8-12 Stunden arbeiten und am Wochenende Vorlesungen an der Uni und lernen für die Prüfungen. Am Montag ging das Ganze von Neuem los. In den freien Momenten amüsierte ich mich mit Freunden, wenn ich überhaupt Energie dazu hatte. Eher lag ich auf der Couch und verlor mich in Serien. Da war nie Zeit, um mal kurz anzuhalten und zu reflektieren. Sich zu fragen: „Bin ich gerade glücklich? Was macht uns wirklich glücklich?" Die neue viele Zeit setzte kreative Denkprozesse frei,

die so in meinem Hamsterrad nie möglich gewesen waren.

Viki:

Die mysteriöse Begegnung in Bangkok war wie ein kleiner Samen, der gepflanzt wurde. Er wuchs und wurde zu einer kleinen Pflanze. Gegossen wurde er mit den vielen Gesprächen im Van, den vielen Büchern, die ich dort las und den Podcasts, die ich am Abend hörte, wenn es zu dunkel zum Lesen wurde. Und plötzlich platzte es aus mir heraus: „Ich möchte nicht zurück in meinen Angestellten-Job! Ich weiß nicht genau, was ich möchte, aber ich möchte nicht mehr Vollzeit in einem Büro arbeiten!" Ich glaubte immer, dass ich nicht der Typ Mensch bin, um Unternehmerin zu sein. Ich war mir sicher, dass ich das Zeug nicht dazu habe. Doch in diesem Moment wurde mir klar, dass ich nicht in mein altes Leben zurück möchte. Genauso wie es mir klar war, dass ich auf diese Reise gehen musste. Dieses Bauchgefühl sagte es mir und es überstrahlte all meine Ängste und Unsicherheiten. In diesem Moment waren alle Türen offen. Alles war möglich. Es war ein Gefühl der Freiheit. Das war wirklich das Geschenk dieser Reise.

Daniel:

Seitdem ich klein bin, beschäftige ich mich mit Finanzen. Das Thema Geld hatte mich schon immer fasziniert. Ich liebte es Münzen von überall aus der Welt zu sammeln und wollte als Kind bereits Zugang zu meinem Bankkonto haben. Nicht um das Geld auszugeben, sondern um es zu überblicken und wachsen zu lassen. Und nun waren wir hier in Neuseeland, einem der teuersten Länder der Welt und wir konnten uns alles leisten was wir wollten. Um mir meinem Traum von Neuseeland zu erfüllen, brauchte ich Geld, wenn ich nicht durchgehend auf einer Kiwi-Farm arbeiten wollte. Und dadurch, dass ich mich seit Jahren damit beschäftigte, wurde unser Geld während unserer Reise nicht weniger, sondern mehr. In Neuseeland sieht man Schafe überall. So war es nicht verwunderlich, dass ich nach 2 Monaten zählen der neuseeländischen Schäfchen, die Idee für das „Finanzschaf" hatte. Damit wollte ich finanzielle Bildung – leicht verständlich – unter die Leute bringen. Ich wollte dieses Gefühl der Freiheit und Unabhängigkeit unbedingt auch anderen Menschen ermöglichen.

Viki:

Es war so schön, Daniel ganz in seinem Element zu sehen. Ich wusste, wie das Thema „Finanzen" ihn begeistern konnte. Wir träumten im Van. Ich half ihm, einfache Skizzen von Schafen zu kritzeln, von gierigen Schafen und ängstlichen, armen und schlauen. Und so wuchs die Idee, bis sie zu unserer gemeinsamen wurde. Finanzstark als Paar *wurde geboren. Zuerst war es ein Experiment. Eine Businesspartnerschaft in der Beziehung: Ob das gut gehen konnte? Und dann passierte etwas Wunderschönes. Genau wie wir uns in der Beziehung ergänzten, ergänzten wir uns auch als Businesspartner. Er war der strukturierte Umsetzer, der etwas Fantasie brauchte und ich war der kreative Kopf, der etwas Struktur vertragen konnte.*

Daniel:

Diese Reise hat uns gezeigt, welches die Dinge sind, die im Leben wirklich wichtig sind. Zeit für uns selbst, Zeit zusammen, Zeit mit unserer Familie und Freunden, Zeit für unsere Hobbys und Leidenschaft, Zeit für unsere Lebensträume. Freiheit bedeutet, sich Zeit nehmen zu können. Wir waren so glücklich und zufrieden, wie noch nie zuvor in unserem Leben. Die Zeit in Neuseeland hat uns gezeigt, was Freiheit wirklich bedeutet. Diese Reise nach Neuseeland hat unser Leben auf dem Kopf gestellt. Wir sind danach nicht mehr zurück in unser "altes Leben". Heute sind wir überall auf der Welt zuhause und folgen unseren Träumen. Ob wir für immer nomadisch leben werden, das wissen wir nicht. Für jetzt ist es perfekt. Raus aus unseren alten gewohnten Strukturen, haben wir gemerkt, was alles möglich ist, wenn wir uns selbst keine Grenzen mehr setzen. Und wir mussten nicht mehr zurück. Über Jahre sind wir bewusst mit unseren Finanzen umgegangen, hatten gespart und investiert. Es ist, als ob wir uns auf diesen Moment vorbereitet hatten, um unser Leben komplett auf den Kopf stellen zu können.

Wir sind Viki und Daniel von *Finanzstark als Paar*. Wir reisen um die Welt, leben und arbeiten an den schönsten Orten auf der Welt. Neuseeland war die Reise in ein neues Leben.

Wir entdecken neue Ecken auf der Welt und verbringen Zeit mit unseren Familien und Freunden. Dabei ist es egal, ob es Montag, Mittwoch oder Sonntag ist.

Unser Vermögen wird mehr, obwohl wir unsere Lebenszeit nicht mehr aktiv dafür eintauschen müssen. Durch unser Finanzwissen der letzten Jahre, konnten wir als Paar gemeinsam das Hamsterrad verlassen, um komplett frei zu entscheiden zu können, mit wem, wann und wie wir unsere Zeit eintauschen.

Finanzielle Bildung ist der Schlüssel zur Freiheit. Und jede und jeder kann es lernen.
Mit *Finanzstark als Paar* bringen wir finanzielle Bildung in die Welt, um auch anderen Menschen ein selbstbestimmtes Leben zu ermöglichen.
www.finanzstarkalspaar.de

KAPITEL 7

Mit Sack und Pack durch die schottischen Highlands

von Christina Irrgang

» Einfach machen! «

Nach einem Sommerurlaub im Fichtelgebirge beschlossen wir mal wandern zu gehen, also so richtig. Sven schlug die Zugspitze vor, was zu diesem Zeitpunkt und in Anbetracht unserer körperlichen Verfassung, ein sehr hohes Ziel war. So nahmen wir uns zunächst den Brocken im wunderschönen Harz vor. Das war im Herbst 2015. Unsere Vorbereitung bestand nicht nur darin, unser Equipment zusammen zu stellen, sondern wir machten auch mehr Sport, um fit für den Aufstieg zur Zugspitze zu werden. Im Sommer 2016 war es soweit und wird erklommen in einer 2-Tages-Wanderung den höchsten Berg Deutschlands. Schnell wussten wir, das ist genau unser Ding. Aber was als nächstes?

Zunächst haben wir uns schlau gemacht, was man alles für eine Mehrtagestour braucht. Da wir campen wollten, ist das eine ganze Menge. Und dann erstmal einen passenden Rucksack finden! Es dauerte eine ganze Weile, bis unsere Ausrüstung komplett war. Wir beschlossen eine Testwanderung im verträumten Soonwald zu machen. 3 Tage schleppten wir uns durch die Wälder, von einem Trekkingcamp zum nächsten. Wir hatten viel Zeug im Rucksack, aber es war machbar. Jetzt mussten wir nur noch eine geeignete Tour mit längerer Distanz finden.

Ich bin totaler Schottland-Fan und so fanden wir den 154 km langen West Highland Way, der mittig durch die rauen, aber wunderschönen schottischen Highlands führt. Ein Wanderführer war schnell gekauft. Darin standen die 13 Etappen mit Kilometerangaben, wonach wir unsere Tour planen konnten. Die meisten laufen, ohne viel Gepäck, von einem B&B zum nächsten und machen so auch ordentlich Strecke. Wir hatten keine Lust auf Buchung der ganzen Unterkünfte im Vorfeld. Was, wenn etwas schiefgeht? Dann lieber unabhängig und ohne Zeitdruck die schöne Strecke wandern und einfach zelten, wo man möchte. Wir planten 12 Tage Urlaub ein, 2 Tage für die An- und Abreise und 10 Tage wandern. Das sollte möglich sein.

26. Mai 2017 – Start des West Highland Ways (WHW)

Wir hatten alles Nötige in den Rucksäcken verstaut. Als wir auf die Waage stiegen erstarrten wir: jeweils 18 kg! Nach unserer Test-Tour im Soonwald haben wir schon Dinge aussortiert, die man wenig bis gar nicht gebraucht hat. Zu diesem Gewicht kam vor Ort noch Gas und Wasser.

Angekommen in Glasgow, gingen wir zuerst zum Tiso Outdoor Shop, um Gaskartuschen zu kaufen. Der offizielle Startpunkt des Wanderweges ist der Obelisk mitten in der Fußgängerzone von Milngavie, etwas außerhalb von Glasgow gelegen und gut mit dem Bus zu erreichen. Noch die obligatorischen Fotos geschossen und dann ging es auch schon los. Wir hatten alles Gepäck verteilt und kamen pro Person auf 21 kg. So schleppten wir uns die ersten Kilometer den WHW entlang. Zuerst ging es durch den Stadtpark mit einem kleinen Fluss. Diesen Weg verließen wir schnell und mussten einen kleinen Anstieg hoch. Das war schon der erste Moment, wo wir uns fragten, was wir hier eigentlich machen. Mühsam folgten wir dem gut ausgeschilderten Weg. Am ersten Tag liefen wir 6 km und schlugen abends unser Zelt im hohen Gras am Craigallian Loch auf. Nach einer kurzen Stärkung fielen wir auch schon in unsere Betten.

Am nächsten Morgen musste das ganze Zeug wieder eingepackt werden. Eine echte Herausforderung, die aber gelang. Wieder auf dem Weg, genossen wir die Ruhe, die diese karge, weite Landschaft mit sich brachte. In der Ferne waren schon ein paar höhere Berge zu erkennen. Wir liefen gefühlt Stunden und machten an der Glengoyne Destillery eine ausgiebige Pause, bevor es auch schon wieder weiter ging. Sven klagte langsam über ein ungutes Gefühl am Fuß. Man hatte immer etwas, dass nicht passte. Es rutschte hier und kniff da, man korrigierte den Sitz des Rucksackes und dann ging es meist wieder. Unsere Laune war am Tiefpunkt, als wir in Gartness an der Steinbrücke ankamen. Ich hörte Rockmusik und Sven schleppte sich und seine schmerzenden Füße irgendwie voran. Das hatten wir uns definitiv anders vorgestellt. Die Rucksäcke waren einfach zu schwer, aber was soll man jetzt machen? Also liefen wir weiter.

Das Ende der eigentlich ersten Etappe ist das kleine Örtchen Drymen. Der Weg dorthin führte entlang einer endlos erscheinenden Straße, die seitlich von halbhohen Mauern abgegrenzt war, dahinter die sattgrünen Weiden und die breiten Ginsterbüsche, die in ihrem kräftigsten Gelb blühten. Plötzlich zeigte der Wegweiser nach rechts und runter von der geteerten Straße. Wackelig durch unser Gepäck, stiegen wir die schmalen Stufen hinab und landeten im Gebüsch. Der WHW führte an einem kleinen Bächlein vorbei über einen sattgrünen Hügel, von wo aus man eine große

Weidefläche samt Stallungen überblicken konnte. Wir drehten uns um und da lag es. In einer Senke mit hohen Bäumen, die ein guter Sichtschutz zum Wanderweg waren. Überall wuchsen blühende Sträucher und mittendurch rauschte ein kleiner Bach. Wir hatten unser Paradies gefunden. Die ortsansässigen Schafe kamen uns neugierig begrüßen. Als wir alles aufgebaut und im Zelt verstaut hatten, fing es an zu regnen. Typisch Schottland!

Nachdem wir etwas zur Ruhe kamen, zog Sven die Wanderschuhe trotz des Regens aus und begutachtete seine Füße. Es schmerzte ihn beim Laufen schon sehr, aber was da zum Vorschein kam, schockierte uns beide. An beiden Füßen dicke Blasen. Die Größte hatte einen Durchmesser von einem 2-EuroStück und zog sich Richtung Mittelfuß. Die Kleinste, nur so groß wie ein 2CentStück, schmerzte dennoch ordentlich. Dazu kam noch eine längliche Blase am Hacken und sogar am Hosenbund. Durch das Festzurren des Rucksackgurtes wurde die Haut eingeschnürt und so entstanden kleine Bläschen, aneinandergereiht wie auf einer Kette. Die bequemen Latschen wurden ausgepackt und als der Regen aufhörte, kühlte Sven seine Füße im Bach. Wir hatten einen schönen restlichen Tag an diesem paradiesischen Ort. Die Distanz vom See bis Drymen waren 8 Kilometer.

Der nächste Morgen war trocken und wir wurden von einer Gruppe bunter Kälber geweckt, die neugierig alles beäugten. Nach dem Frühstück beschlossen wir, noch einen Tag auf unserer Weide zu bleiben, um Svens Füßen etwas Ruhe zu gönnen. Das war so herrlich entspannend. Die Sonne kam mittags hervor und wir konnten es uns gut gehen lassen, denn wir hatten ja alles dabei. Das war auch das Hauptproblem dieser ersten Wanderung, das schwere Gepäck. Man denkt immer, dass man das alles unbedingt braucht. Dazu die stetige Angst des Verhungerns. Aber das ist ein Irrtum!

Wir überlegten hin und her und kamen zu dem Entschluss, unsere Wanderung hier nach nur 13 Kilometern abzubrechen. Die Enttäuschung war groß, aber mit den Riesenblasen an den Füßen, konnte Sven unmöglich weiterlaufen. Und so packten wir am dritten Tag alles ein und liefen nach Drymen zur Busstation. Von hier aus fuhren wir zurück nach Glasgow. Dort nahmen wir uns ein günstiges Hotel und erkundeten die Stadt. Am nächsten Tag reisten wir ohne schweres Gepäck mit der Bahn für 2 Tage nach Edinburgh. Zum Glück konnten wir unsere Rückflüge umbuchen und so ging es, 4 Tage früher als geplant, zurück nach Berlin.

29. März 2018 – Der zweite Versuch

Neues Jahr, neues Glück! Dieses Mal starteten wir etwas früher mit der Wanderung. Das Equipment haben wir besser durchdacht und deutlich Gewicht einsparen können. In Glasgow angekommen, fuhren wir wieder in die City, um Gas zu kaufen. Mit dem Zug ging es dann bis Balloch und von dort aus mit dem Bus nach Drymen. Der West Highland Way führte eigentlich von der Straße aus nach links auf die Weide, aber wir ließen es uns nicht nehmen, noch einmal unsere Schafwiese zu besuchen. Es war wie nach Hause kommen, schließlich „wohnten“ wir hier drei Tage.

Zurück auf dem richtigen Weg, marschierten wir gut gelaunt bei sonnigem, aber windigem Wetter den Weideweg entlang, der sich dann mit einer alten Militärstraße kreuzte. Auf Schotter ging es weiter. Die Sonne gab ihr bestes und durch die hohen Büsche und mittelgroßen Bäume am Wegesrand, waren wir vor Wind geschützt. Der Weg führte etwas oberhalb durch kleine Waldstücke und weite Felder. Von dort aus war schon der riesige Loch Lommond zu sehen. An diesem Tag liefen wir nur 5 km, da es schon recht spät war und bauten unser Lager neben einem kleinen See auf. Der Untergrund war recht uneben, weil die Gräser in einzelnen dicken Büscheln wuchsen. Geschlafen haben wir dennoch gut.

Am nächsten Morgen war es sehr frostig. Wir sahen zu, dass wir schnell alles einpackten, um loslaufen zu können. Sogar das Frühstück fiel aus, weil uns einfach zu kalt war. Wir verschoben es auf später. Die heutige Etappe führte uns wieder über einsames Weidegebiet. Am Fuß des 361 Meter hohen Conic Hill, der höchsten Erhebung dieser Gegend, machten wir eine kurze Pause. Anschließend ging es über einen unwegsamen, steilen Weg auf 354 m hoch. Bei Schneesturm kämpften wir uns am Berg entlang, bis endlich der Abstieg nach Balmaha vor uns lag. Einen kurzen Rundumblick gönnten wir uns trotz des ungemütlichen Wetters. Dann stiegen wir die vielen Stufen hinab nach Balmaha. Wir hatten bis dato noch immer nichts gegessen. Also plünderten wir den kleinen Lebensmittelladen.

Vollgefuttert fiel es schwer, die Rucksäcke wieder aufzusetzen und weiter zu gehen. Aber wir wollten noch einige Kilometer schaffen. Ab Balmaha verlief der Weg immer entlang des Loch Lommond. Dieser Frischwassersee zieht sich 31 Kilometer breit durch die Highlands und ist mit 71,4 km^2 der längste See in Großbritannien. Auf der einen Seite schlängelt sich der Wanderweg am Ufer entlang und auf der anderen kann man mit dem Auto auf der A82 in 37 Minuten den See von unten in Balloch bis oben bei Ardlui abfahren. Und wir laufen die Strecke in 3 Tagen!

Also wanderten wir immer am Wasser entlang. Hier gab es sogar kleine Sandstrände, wo wir auch mal stoppten. Die Sonne schien und es war angenehm warm. So schafften wir Kilometer um Kilometer durch diese wunderschöne grüne Landschaft – den Loch Lommond immer an unserer linken Seite. Ein leichter Wind zog vom See zu uns hinüber. So klare Luft hatten wir vermutlich noch nie atmen dürfen. Der Weg war zwar anstrengend durch die etwas unwegsamen Wege und die ständigen Hügel, aber die Aussicht entschädigte alles. Es wurde später Nachmittag und wir brauchten bald einen Schlafplatz. Bisher war noch nichts Passendes zu finden, auch weil wir gerade in einem Gebiet waren, wo man nicht wild campen durfte. In Cashel riet man uns noch ein paar Kilometer zum Sallochy Campingplatz zu gehen. Das taten wir auch, obwohl wir nach fast 13 Kilometern keine Lust mehr hatten. Aber ein Schlafplatz musste jetzt langsam gefunden werden. Dieser Campingplatz lag direkt am See. Es gab eine mittig gelegene Zeltwiese und am Wegesrand waren einzelne Parzellen, wo man sich nach der Anmeldung auch hätte hinstellen können. Wir bauten alles auf der gut besuchten Wiese auf und genossen den Abend.

Am nächsten Morgen waren wir fast die Letzten, die sich auf den Weg machten. Dicke Wolken hingen über dem See, aber das Wetter hielt sich. Jetzt verlief der Weg wieder etwas oberhalb und wenig später kamen erneut Hügel. Die erste große Pause machten wir in Rowardennan. Ein schöner Picknickplatz. Man hatte einen tollen Blick aufs Wasser und in der Ferne waren schneebedeckte Berge zu sehen. Eine Szenerie wie auf einer Postkarte. Gestärkt ging es über Stock und Stein weiter. Mal hoch, dann wieder runter, kleine Steine, größere Steine oder ein schmaler Durchgang, wo wir geradeso mit unserem Gepäck durchpassten. Man musste sich sehr konzentrieren, sodass wir überhaupt nicht vorankamen. Manchmal hielten wir an, um uns einfach nur diese mystische Gegend anzusehen. Karge Bäume wuchsen wild, manchmal abgebrochene Äste, die so blieben, wie sie grade waren. Und alles mit sattgrünem Moos überzogen. Irre! Dann waren da noch die unzähligen kleinen und auch größeren Rinnsale, die sich von irgendwo oberhalb einen Weg nach unten bahnten. Wenn der Fluss zu breit war, packte jemand einen Stein hinein und schon konnte man ihn passieren.

Inzwischen wurde da dicht bewachsene Terrain zu einem Mischwald. Unser Ziel war die Rowchoish Bothy, eine kleine Steinhütte, die für Hiker vorgesehen war. Da diese aber schon belegt war, zelteten wir draußen. Sven nutzte die Chance, um Wasser zu filtern. Mitten im Wald ließen wir den Tag entspannt ausklingen.

Am nächsten Morgen war es wieder an die Null Grad. Geschlafen haben wir ziemlich schlecht, dementsprechend knautschig fühlten wir uns auch. Die Sonne kam nur langsam durch die dichten Tannen hindurch. Dann schien sie aber direkt auf unseren Platz und wärmte uns etwas. Wir sortierten grob unser Zeug und zogen dann, in die nun schon leere Bothy um. Dort war es wärmer, da windgeschützt. Drinnen gab es eine Feuerstelle, Tisch und Bänke und ein Podest, wo man auf einem ebenen Untergrund schlafen konnte. Da hätten wir wohl besser schlafen können, aber egal.

Heute ging es mal mitten durch den Wald. Die Luft war frisch, die Sonne schien und wir kamen gut voran. Nach zirka 3 Kilometern kamen wir an einen geöffneten Kiosk. Eine wirkliche Überraschung, da eigentlich Ostersonntag war. Wir gönnten uns außer Wasser noch einige Leckereien. Die nächste große Rast machten wir in Inversnaid. Dort gab es einen schönen Wasserfall und ein spießiges Hotel mit vielen Menschen. Wir ignorierten den Trubel und genossen unsere Pause. Auf dem nächsten Abschnitt war der WHW sehr gemein zu uns. Es war das schlimmste Stück der ganzen Wanderung. Es wurde viel geschimpft und auch geflucht. Steilere Hügel, große, zum Teil lockere Steine, auf denen es sich sehr schlecht laufen ließ. Aber wie ich immer sage: „Jeder Scheiß ist mal zu Ende" und so ging es irgendwann das letzte Mal uneben bergab und wir waren am Tagesziel angekommen. Zumindest beschlossen wir das, als wir die kleine Wiese mit Strand sahen. 10 km ging es heute am See entlang und jetzt waren wir bei Ardleish, dem Ende vom Loch Lommond.

Unsere Wanderung führte uns am nächsten Tag höher ins Gelände. Die Landschaft wurde rauer und färbte sich in verschiedene Brauntöne. An der Beinglasfarm, einem Restaurant mit Übernachtungsmöglichkeiten, stärkten wir uns mit einem deftigen Mittagessen. Kartoffeln, Lachs, Gemüse, so etwas hatten wir lange nicht. Im Shop nebenan kauften wir noch Riegel, Obst und noch nie zuvor gesehene Wandersocken mit einer innenliegenden Silikonschicht. Ich probierte sie gleich aus, weil sich am Hacken eine Blase ankündigte. Weiter ging es parallel zur A82, die wir dann auch bald durch einen Fußgängertunnel unterquerten. Das Wetter zeigte sich mit stürmischen Böen von seiner schlechten Seite. Wir trugen alles was wir dabei hatten im Zwiebelprinzip. T-Shirt, Pulli, Jacke, Regenjacke mit Mütze und Handschuhen. Der Wind entzog all die Wärme aus unserem Körper. Es waren nur noch 2 Grad, als es auch noch anfing zu graupeln. Aber wir mussten weiter, denn in der Nähe fing der Wald wieder an, wo wir etwas geschützter waren. Während wir liefen und aus Graupel richtiger Schnee wurde, überlegten wir, was wir jetzt tun sollten. Wir beschlossen in den 1 Kilometer entfernten Ort zu gehen und uns ein Zimmer zu nehmen. Nach 16 Kilometern konnten wir auch nicht mehr und wollten endlich irgendwo ankommen. Der Wetterbericht zeigte auch für die nächsten Tage Schnee und sogar Minusgrade an. Damit hatten wir nicht gerechnet und waren darauf auch nicht vorbereitet. Unsere Schlafsäcke waren nicht für so niedrige Temperaturen geeignet und so beschlossen wir, die Wanderung erneut abzubrechen. In einem süßen B&B gab es noch ein Zimmer. Als wir aus dem Fenster sahen, peitschte der Wind den Schnee durch die Gegend, der sich langsam auf dem Fensterbrett häufte. Wir stellten uns vor, wie wir bei diesem Wetter im Wald campten und waren froh im warmen Zimmer zu sein.

Am nächsten Morgen, nach einem tollen Frühstück, fuhren wir von Crianlarich mit dem Zug nach Fort William, zum Ziel des West Highland Ways. Dieses Mal haben wir 56 Kilometer geschafft. Das ist die Hälfte des gesamten Weges. Eine akzeptable Leistung! Anschließend besuchten wir noch Stirling mit seinem tollen Castle, das Wallace Monument und die kleine Hafenstadt Ardrossan.

31. Mai 2019 – Klappe, die Dritte

Eine bessere Planung als die hautnahe Erfahrung der zwei Jahre zuvor, gab es für uns nicht. Wir haben wieder vieles zu Hause gelassen und hatten jetzt ein Gesamtgewicht von 16 Kilogramm pro Rucksack. Erstmal! In Glasgow kauften wir natürlich wieder Gas und füllten auch gleich Wasser ab. Weil es an diesem Tag regnete und wir die Zeit bis zur Abfahrt unseres Zuges nach Crianlarich totschlagen mussten, standen wir in der Nähe des Bahnhofes unter einer Brücke und gönnten uns erstmal ein Stück Pizza von Sainsbury. Aus irgendwelchen Gründen fiel der Zug aus und wir warteten auf den nächsten Zug. Es gab immer wieder unverständliche Lautsprecherdurchsagen. Ein Polizist sah uns wohl an, dass wir etwas verwirrt schauten und sagte, dass auch dieser Zug, den wir hätten nehmen wollen, ausfällt. Na Klasse, das ist ja ein toller Start. Werden wir das letzte Stück des West Highland Ways überhaupt anfangen können? Warten gehört nicht zu unserer Stärke, aber es war nicht zu ändern. Wir bekamen mit, dass ein Ersatzbus organisiert wurde. Kurze Zeit später saßen wir auch schon in diesem und versuchten zu erklären, dass wir nach CRAINLARICH wollen. So wie wir das aussprachen, verstand es ein Schotte natürlich nicht. Wir zeigten unser Bahnticket. Achsooo! Na bitte, geht doch.

Es ging am späten Nachmittag los. Wir führen fast 2 Stunden durch das Land, immer die A82 entlang. Als wir in Crianlarich ankamen, dämmerte es bereits und es fing an zu regnen. Wir schlüpften schnell mit samt der Rucksäcke unter unsere Ponchos und stapften los. Den Weg kannten wir noch. Dieses Mal mussten wir ihn aber hochlaufen. Im Waldstück, wo wir vor einem Jahr eigentlich bleiben wollten, suchten wir uns dieses Mal ein schönes Plätzchen. Zwischen den Baumreihen standen wir gut geschützt. Als wir in den Schlafsäcken lagen, hörten wir den Wind, der durch die Tannen rauschte. Wir haben es so vermisst und sind endlich wieder da!

An diesem Morgen waren wir so glücklich wieder in Schottland zu sein. Es war auch egal, dass es tröpfelte und die blöden Midges uns beim Einpacken nervten. Die Luft, die Landschaft und die Ruhe: das war es, was wir brauchten! Geschützt durch unsere riesigen Ponchos, machten wir uns auf den Weg. Es nieselte gleichmäßig vor sich hin und der sandige Weg weichte langsam auf. Die leicht mit hohen Gräsern begrünten Hügel ging es hinauf. Hier und da war ein großer Stein in die Natur geworfen worden und kleine Tannengrüppchen rahmten das Bild ein. Der Nebel hing in der Ferne über dem Tal. Wir stapften durch Pfützen und überquerten auf Holzbrücken rauschende Bäche und Flüsse, wie den River Fillan. Die Strecke war jetzt recht eben und man sah vermehrt Schafe weiden.

Diese klugen Tiere nutzten, einzeln oder mit ihren Lämmern, die hohen Grasbüsche als Windschutz. Dafür hatten wir unseren Poncho, den man je nach Wetterlage komplett trug oder das Vorderteil einfach nach hinten über die Schultern schlug. So musste man ihn nicht immer an- oder ausziehen.

Eine Gelegenheit zum Rasten kam nach ein paar Kilometern. Das Strathfillan Wigwam in Auchtertyre hatte einen kleinen Shop, wo es Kaffee, Snacks und andere Dinge für unterwegs zu kaufen gab. Man konnte auch in einem der Holzhütten übernachten oder auf der Wiese nebenan zelten. Wir genossen einen Kaffee und nutzten die sanitären Einrichtungen. Eine Frau sprach uns an, die zufällig auch aus Berlin war. Sie war allein unterwegs und lief den Weg rückwärts, startete also in Fort William. Sie erkannte uns an den Klamottenmarken, die wohl nur Deutsche trugen. Sie redete schnell und viel und war dann auch schnell wieder weg. Puuh! Endlich wieder Ruhe. Nach einem Kaffee geht es uns immer gut und so liefen wir weiter. Nach 3 Kilometern erreichten wir das größere Städtchen Tyndrum. Im Supermarkt kauften wir erstmal Snacks, Cola und verschiedene Dosen mit Tomaten- und Gemüsesuppen, denn es war Zeit für das Abendessen.

Nach dieser kalorienreichen Stärkung verließen wir den Ort. Eine endlos gerade Strecke lag vor uns. Links die Bahnstrecke nach Fort William und rechts türmten sich die Hügel auf. Im Nebel lagen, weiter vorn, die 900 Meter hohen Berge. Was für eine Landschaft und wir stehen mittendrin und staunten immer wieder darüber, wie klein man sich dort fühlte. Durch einen kleinen Tunnel unterquerten wir die Bahnstrecke. Jetzt verlief der Weg zwischen der Bahn, die sich weit über uns befand, und der Straße A82. Die Straße machte einen immer weiteren Linksbogen und war dann nur noch in der Ferne zu erahnen. Langsam war es Zeit einen Schlafplatz zu suchen. Aber in dieser Gegend war das sinnlos. Unterhalb des Weges war es zwar eben, aber durch den Fluss alles sehr nass. So wanderten wir noch 6 Kilometer weiter. Sven inspizierte eine auserwählte Stelle und kam kurze Zeit später freudestrahlend zurück. Überall standen etwa 1 Meter hohe Steinmauern wie Leitplanken am linken Wegesrand, um die Wanderer vor dem Abstürzen zu schützen. Wir mussten mit den Rucksäcken über diese Mauer klettern. Der Hang ging etwa 10 Meter in die Tiefe. Wir klammerten uns an Bäume und Sträucher, um nicht herunter zu fallen. Als ich von unten hochblickte, war mein erster Gedanke: „Da kommen wir nie wieder hoch!“ Aber darüber mussten wir erst am nächsten Tag nachdenken.

An diesem Abend hatten wir Glück. Vor uns lag ein toller, trockener Platz am Fluss. Es hörte auf zu regnen und die Sonne kam hinter den dicken Wolken hervor. Wir richteten uns ein, kochten eine leckere Suppe mit Nudeln und hatten einen entspannten Abend.

In der Nacht zog ein heftiger Wind auf, der das Zelt zum Wackeln brachte. Später am Morgen kam noch Regen dazu. Gegen Mittag beruhigte sich das Wetter, sodass wir im Trockenen einpacken und starten konnten. Der Wind war auf dieser Etappe ein ständiger Begleiter. Die Ponchos lagen parat auf unseren Schultern, sodass wir sie bei Regen gleich herunterrollen und uns schützen konnten. Es ging über eine weite Ebene, hier begann schon langsam das Moor. Es stürmte und regnete, aber wir liefen weiter. Sogar als uns der Regen von links um die Ohren peitschte. In unseren Ponchos waren wir gut geschützt. Der nächste Halt war an einer kleinen Bahnstation in Bridge of Orchy. Im Bahnhofsgebäude konnte man kleine Zimmer mieten und es gab einen kleinen Shop, mit einer Kasse des Vertrauens, wo man sich bedienen konnte. Wenn man draußen unterwegs ist, könnte man alles essen, weil man ständig Hunger hat. Wir tranken aber nur ein Dose Cola und dann ging es weiter. Es gab tatsächlich eine Brücke über den River Orchy. Die Sonne schien inzwischen und zusammen mit den gewaltigen grauen Wolken ergab sich ein toller Ausblick. Nach kurzer Freude über einen geteerten Weg, ging es auch schon wieder auf einem steinigen Pfad bergauf. Von der höchsten Erhebung dieser Gegend, dem Mam Carraigh, der durch einen Steinhaufen nicht zu verfehlen war, hatte man eine tolle Aussicht auf den Loch Tulla. Ab jetzt ging es bei stürmischen Böen bergab bis nach Inveroran. Dieser Ort bestand nur aus einem Hotel und einer Zeltwiese am Fluss Allt Tolaghan. Es zogen dicke Regenwolken auf, Regen war vorhergesagt und wir beeilten uns, um vor dem Unwetter die Zeltwiese zu erreichen. Es waren auch einige Camper dort, die durch den starken Wind mit ihren Planen kämpften. Wir stellten uns gleich ans Ufer. Die Wassermassen schnellten um die Kurve am Ufer, der Wind rauschte und es fing an zu regnen. Wir saßen geschützt im Zelt und aßen unser Abendbrot. Nach einer halben Stunde war das Unwetter vorbei und die Sonne kam sogar zurück. Verrücktes Wetter und wieder ein herrliches Wolkenspiel am Himmel. Über Nacht zog eine neue Sturmfront über uns hinweg. Noch am Morgen stürmte es kräftig. Mittags gab es eine kurze Lücke, wo wir die Chance ergriffen und einpackten.

Bei kräftigem Wind liefen wir heute über das Rannoch Moor. Eine flache Landschaft mit vereinzelten Tannenwäldchen und verfallene Ruinen. Wieder erwischte uns der Regen. Nach 8 Kilometern ließen wir uns an der Ba Bridge nieder. Dort gab es ein paar Flächen, die von kleinen Hügeln geschützt waren. Perfekt zum Zelten. Wir waren bis zum späten Abend im Zelt gefangen. Immer wieder regnete es. Zu kurz waren die Pausen, dass man sich hätte mal umsehen können. Gegen 21:30 Uhr war dann endlich Schluss. Sven lief in Latschen, aber mit dem Poncho, vor weiterem Regen geschützt, runter zum Fluss, um Wasser zu filtern. Nach einer Weile bin ich auch gegangen, weil es doch schon recht dunkel war und die Strömung sehr stark. Ich musste schmunzeln, als ich ihn dort stehen sah. Mit dem riesigen Poncho sah er so klein aus. Gruselig wurde es, als er sich umdrehte und die blaue UV-Lampe in der Wasserflasche leuchtete. Nach getaner Arbeit und leicht durchgefroren, gingen wir zum Zelt zurück, um endlich zu schlafen. Der nächste Morgen war überraschend freundlich. Kein Regen, angenehme Temperaturen, auch kein Wind und die Sonne ging hinter unserem Zelt auf. Sollten wir endlich mal schönes Wanderwetter haben? Wir waren nicht die einzigen, die sich an diesem Morgen freuten. Die berüchtigten Midges ließen sich auf allem nieder, was wir hatten. So schnell konnten wir unser Zeug gar nicht einpacken. Die waren überall. Also liefen wir schnell los, denn über das flache Land zog ein leichter Wind, der diese Viecher vertrieb. Nach 5 Kilometern, die sich heute sehr gut liefen, ohne Wind und Regen, kamen wir nach Glencoe. Dort, in den Black Mounts, lag ein luxuriöses Wintersport Resort, mit allem was man sich vorstellen konnte. Wir liefen schnell weiter, weil wir dort Menschenmengen vermuteten und überquerten wieder einmal die A82. Beim nahegelegenen Kingshouse Hotel, machten wir eine Kaffeepause und kurze Zeit später führte uns der Weg mitten durch die Berge. Etwas weiter entfernt, schnitt sich die große Straße auch durch das Tal von Glencoe. Es war so traumhaft hier zu laufen. Links satte Wiesen, wir überquerten den ein oder anderen kleinen Wasserfall und rechts über uns, die mit Moos und Flechten bewachsenen Hügel. So ging es weiter bis Altnafeadh, wo wir rechts zu den Devil´s Staircase abbogen. Wir krochen bestimmt eine Stunde die Serpentine den Berg hoch. An jeder Biegung hielten wir an, um die Aussicht zu bestaunen und natürlich auch, um mal durch zu schnaufen. Puh, das war kräftezehrend. Wir sahen auch kaum Leute, die so viel Gepäck hatten, wie wir. Die meisten waren Tagesrucksäckler. Bis ganz hoch mussten wir Gott sei Dank nicht. Nach ¾ des Berges ging es jetzt entspannt wieder Richtung Tal. Das Tagesziel war Kinlochleven. Nach nicht enden wollenden Kilometern, kamen wir endlich im Ort an und checkten im ersten Campingplatz ein – gleich für 2 Tage! Nach 22 Kilometern an diesem Tag, hatten wir uns einen Day Zero verdient. Schnell das Zelt aufbauen und dann den nächsten Supermarkt gestürmt. Wir wussten gar nicht, was wir alles kaufen sollten. Voll bepackt liefen wir schnell zurück und ließen es uns schmecken. Es gab sogar Sitzgruppen und wir konnten bei Sonnenschein draußen essen. Den Zero Day verbrachten wir mit Ausschlafen und einem ausgiebigen Frühstück im windgeschützten Unterstand des Hauptgebäudes. Wir duschten ausgiebig und wuschen unsere Wäsche. Es gab sogar einen geheizten Container, wo man Sachen aller Art trocknen konnte. Viele Wanderer waren schon früh abgereist, also konnten wir es riskieren unsere Powerbanks in den Waschräumen aufzuladen, während wir uns das Dorf ansahen. Viel war hier nicht los, es war ja auch außerhalb der Saison. Es gab den kleinen Supermarkt, ein paar Pubs und eine große Kletterhalle mit einer Eiskammer, wo man seine Steigeisen ausprobieren konnte. Drinnen war ein kleines Restaurant, wo man schön auf die Boulderwände schauen konnte. Leider war dieses auch noch geschlossen. Wir schlenderten an diesem Tag ein paar Mal durchs Dorf und abends gönnten wir uns Fish and Chips.

Am Abreisetag regnete es natürlich wieder leicht. Da wir – wie immer – spät dran waren, hatten wir den Unterstand für uns allein. Alles war trocken verstaut. Ponchos an und los ging es wieder. Wir verließen den kleinen Ort und stiegen höher ins Gelände. Nach 15 Minuten war uns schon wieder gut warm, also, Ponchos wieder umkrempeln und über die Schulter werfen. Alles wieder korrigieren und festzurren, schnell noch etwas trinken und weiter. Mit diesen Problemchen kämpften wir jeden Tag. Und mit dem Wetter. Heute verfolgte uns immer eine Regenwolke, die uns aber erst recht spät einholte. Wir liefen auf der alten Militärstraße durch ein Tal, bis wir an einer großen Ruine ankamen. Dort wollten wir einen Schlafplatz suchen. In der Ruine war es uns zu gefährlich und schmutzig und außerhalb war alles durchnässt. Den passenden Platz fanden wir ein

Stück weiter auf einem Stück Wiese am Fluss. Als wir fertig mit dem Aufbauen waren, ging wieder der Regen los. Wir saßen geduldig im Zelt mit Kaffee und Keksen und warteten. Wir hatten gegen 20 Uhr noch das Glück, dass es aufklarte und sogar die Sonne rauskam. Die Landschaft sah komplett anders aus in der Abendsonne. Wir genossen die warmen Strahlen und auch die Schafe weideten jetzt um uns herum. Ich ließ es mir nicht nehmen und ging zur Ruine, um Fotos zu machen. Dort fand ich ein Schaf, dass sich irgendwie eingesperrt hatte und befreite es. In Windeseile flitzte es den nassen Weg hinunter, wo ihr Lamm schon nach ihr brüllte. Das Wetter blieb trocken und so machten wir uns noch eine schnelle Suppe aus Brühwürfeln und Fadennudeln. Mit vollem Bauch krochen wir in unsere Schlafsäcke.
Am nächsten Morgen weckte uns tatsächlich die Sonne. Was war denn da los? Unsere letzte große Etappe stand an. Von der Ruine aus, ging es heute nach Fort William. Aber nur bis zum Campingplatz. Die letzten 5 Kilometer wollten wir dann am übernächsten Tag laufen. Wir stärkten uns mit Kaffee und Müsli, als um 8 Uhr morgens schon die ersten Wanderer an uns vorbeirannten. Wann sind die wohl aufgestanden? Kinlochleven lag knapp 7 Kilometer hinter uns. Aber wir ließen uns nicht hetzen und frühstückten in Ruhe. Wir hatten genug Zeit für diese Tour eingeplant, also keine Hektik! Bis zum Campingplatz waren es gut 15 Kilometer. Der Weg zog sich aber trotzdem ganz schön hin. Es ging viel hoch, auch viel runter. Es waren auch viel mehr Leute unterwegs als sonst. Besonders fiel es auf, wenn viele Leute durch quietschende Gattertore gingen. An einer alten Schafsortierstation, überall waren kleine Gehege, staute es sich am Tor, weil man nur

einzeln durchgehen konnte. Dann kam man in ein Gebiet, das komplett abgeholzt wurde. Soweit das Auge reichte, sah man nur Stümpfe und Tannenreste. Manchmal stand ein kleiner Baum wie verloren in der Gegend. Irgendwann erreichten wir eine Kreuzung und folgten einem gut befestigten Weg. An der Biegung konnte man schon Fort William sehen und der Campingplatz war auch nicht zu übersehen. Gleich daneben thronte der Ben Nevis, welcher heute schön klar von der Sonne angestrahlt wurde. Tausende Wanderer waren an diesem Tag unterwegs zum Gipfel. Der höchste Berg Schottlands liegt nur ca. 5 Tage im Jahr nicht im Nebel. Als wir am Campingplatz ankamen waren wir so platt, dass nicht an einen Aufstieg zu denken war.
Wir bauten das Zelt auf, kauften im Laden ein leckeres Abendessen, saßen anschließend mit schottischem Bier auf der Bank und sahen dem Treiben auf dem Platz und am Berghang zu. So viele Leute waren noch am Ben Nevis unterwegs! Sogar ein Helikopter flog vorbei, da musste wohl jemand gerettet werden. Wir schlenderten noch einmal über das Gelände und stießen auf einen Imbisswagen. Da wollten wir uns am Morgen unseren Kaffee holen. Es gab dort hausgemachte Burger und Pizza. Eine Pizza mussten wir leider auch mitnehmen. Komplett überfressen schleppten wir uns noch zum Duschen und fielen ins Koma.

Der nächste Morgen war bedeckt aber trocken. Wir packten ein letztes Mal unsere Sachen ein und liefen gemütlich los. Heute war es endlich soweit. Wir sollten unsere Wanderung nun nach 3 Versuchen beenden. Wir hatten ein paar Probleme den Weg zu finden, aber so viele Möglichkeiten gab es nicht. Das letzte Stück verlief an der Straße entlang. Es gab 2 Zielorte. Einmal am Ortseingang und dann mitten im Zentrum auf einem kleinen Platz, wo eine Statue, ein Mann, auf einer Bank saß. Da waren wir nun, wir hatten es geschafft. Etwas wehmütig saßen wir da und ließen die Wanderung Revue passieren. Jetzt konnten wir endlich in einen der Touri Läden gehen und uns die verdienten Aufkleber holen:

I'VE WALKED THE WEST HIGHLAND WAY

Wir sind Christina und Sven aus Berlin. „Draußenkinder“ waren wir schon von klein an. Christina stromerte meist mit dem Fahrrad durch unser kleines Dorf in Brandenburg und Sven suchte seine Abenteuer in Berlin. Kennengelernt haben wir uns 2008, aber ein Paar sind wir erst seit 2014.

Hauptberuflich sind wir Angestellte in einer medizintechnischen Firma, Vollzeit und in Schichtarbeit.

Ein Grund mehr, so oft wie möglich die Freizeit draußen und auf Tour zu verbringen. Egal, ob mit dem ausgebauten Van oder auf Wanderungen, die Natur zieht uns zu jeder Jahreszeit in ihren Bann.

www.shoesontrack.com

KAPITEL 8

Per Anhalter durch Patagonien –

Hitchhiking mit Hindernissen

von Julia Endter

» Twenty years from now
you will be more disappointed
by the things you didn't do
than by the ones you did do.

So throw off the bowlines.
Sail away from the safe
harbor. Catch the trade
winds in your sails.
Explore. Dream. Discover. «

- *Mark Twain*

Eigentlich wollten wir doch nur nach Bariloche, wo die Sonne scheint und es nicht mehr so kalt ist. Jetzt sitze ich hier auf dem kalten, dreckigen Straßenboden inmitten patagonischer Steppe und lehne mich an meinen vollgepackten Rucksack. Die Sonne knallt auf meinen Kopf und ich ziehe meine Kapuze noch mehr ins Gesicht. Es ist März, fast Winteranfang im südlichen Argentinien. Trotz der Sonne friere ich. Noch dazu weht ein unerträglicher Wind, der mir den Staub in die Augen treibt. Es fühlt sich an, wie tausend Nadelstiche auf der Haut.

Wir hocken an der bekannten Nationalstraße Ruta Nacional 40 im Nirgendwo. Mein Mann Robert steht ein paar Meter vor mir entfernt und hält das kaputte Pappschild mit der Aufschrift „Al Norte“ – in den Norden – in die Luft. Ein Auto rast vorbei und wirbelt eine braune Staubwolke durch die Luft. Ich drehe mein Gesicht zur Seite. Ob wir hier jemals wegkommen? Weit und breit keine Menschenseele. Nur unberührte, endlose Weiten. Die meisten Autos, die vorbeikommen, wollen in die andere Richtung: an die Küste. Ich bin müde und habe Hunger. „Vielleicht sollten wir doch einen Umweg nehmen und auf die andere Seite der Kreuzung gehen?“ schlage ich Robert vor. Unsere Essensvorräte sind fast aufgebraucht, genau wie unser Wasser.

Dass wir noch ganze sieben Tage bis Bariloche brauchen würden, damit hatte zu dem Zeitpunkt wohl niemand von uns gerechnet.

Allein schon bis hier her zu kommen, war ein riesiges Abenteuer. Ich denke darüber nach, wie alles angefangen hat. Die verrückte Idee, per Anhalter durch Patagonien zu fahren, hatten wir irgendwann in Deutschland. Wir kamen gerade von anderthalb Jahren Australien und Neuseeland zurück, wo wir ab und zu mal getrampt sind – allerdings immer nur kurze Strecken. Aber hunderte, wenn nicht tausende Kilometer? Wir haben sie doch nicht mehr alle! Jetzt sitzen wir hier in Südamerika und sind doch eigentlich blutige Anfänger, was das Fahren per Anhalter angeht. Von der Sprache ganz zu schweigen. Spanisch beherrschen wir beide nur bruchstückhaft. Eigentlich hatten wir bis hier her riesiges Glück.

Angefangen hat alles buchstäblich am Ende der Welt: in Ushuaia, Feuerland. Es gab sowieso nur eine Straße in den Norden. Da mussten wir doch bestimmt leicht wegkommen, oder? Früh am Morgen stellten wir uns vollbepackt an die Straße. Ich war so aufgeregt, dass es mir im Bauch kribbelte. Hatten wir auch alles dabei? Wir wussten ja nicht, wie lange wir nun unterwegs sein würden und wann wir wieder Zivilisation betreten. In unserem Rucksack befanden sich ein Zelt, Schlafsäcke, Isomatten, Wasser und etwas Essen. Das sollte hoffentlich reichen. Unser Ziel war Punta Arenas, in Chile. 630 Kilometer entfernt. "Wie lange wird es wohl dauern, bis wir dort ankommen?", dachte ich verschlafen. Keine fünf Minuten später hielt ein LKW-Fahrer. Unsere erste Mitfahrgelegenheit. Unglaublich! Ich freute mich wie ein kleines Kind. Juan brachte uns aber nur bis zum Ortsausgang, wo uns eine große Überraschung erwartete. Hier standen schon vier weitere Tramper! Wir lernten schnell, dass es hier eine Ordnung gab: Wer zuerst kommt, fährt zuerst. Wir mussten uns also "hinten" anstellen und sahen zu, wie die vier Tramper vor uns innerhalb von 20 Minuten alle nacheinander mitgenommen wurden. Das ging ja einfacher als gedacht! Nun waren wir an der Reihe. Tatsächlich hielt wenige Minuten später schon der nächste große Truck. Der Fahrer namens Dorrigo nahm uns ein ganzes Stück mit. Wir saßen zu dritt in der Fahrerkabine, unsere Rucksäcke lagen hinter uns oben auf Dorrigos Bett. Vor uns erstreckte sich die unendliche Weite Patagoniens. Endlose Steppe, die mit dem himmelblauen Horizont verschwamm. Die Landschaft erinnerte mich an Australiens Outback. Aus dem Radio klang südamerikanische Folklore Musik und Dorrigo drehte voll auf. Ich war aufgeregt und glücklich zugleich. Wir erzählten Dorrigo in gebrochenem Spanisch von unseren Plänen. Er war begeistert und wünschte uns viel Glück.

In Rio Grande, dem nächsten größeren Ort, verabschiedeten wir uns von Dorrigo. Als wir ausstiegen, flogen wir fast weg. Der typische, patagonische Wind hatte die Gegend hier voll im Griff. Wir kämpften uns bei Gegenwind etwas weiter die Straße entlang, die nach Chile führte. Von hier aus war es nicht mehr weit bis zur Grenze. Kurze Zeit später hielt auch schon unsere nächste Mitfahrgelegenheit und brachte uns bis zum Grenzübergang. Überraschung: Hier saßen schon wieder sechs andere Tramper! Meine Laune wurde schlagartig schlechter. "Das kann ja dauern bis wir hier wegkommen", dachte ich zerknirscht. Nach einer Stunde, in der sich nichts tat und noch nicht einmal der Erste in der Reihe mitgenommen wurde, waren wir genervt. Es war schon später Nachmittag. Wir sprachen den jungen Typ, der ganz vorne stand, an. Er war niedergeschlagen. Seit den frühen Morgenstunden wartete er schon hier. Nun hatten wir jegliche Hoffnung verloren, hier heute noch wegzukommen. Ich war müde und durchgefroren. Der ständige Wind tat sein Übriges. Wir saßen im Nirgendwo an einem Grenzübergang fest. Zum Glück gab es dort einen kleinen Aufenthaltsraum, wo wir uns aufwärmen konnten. Dafür mussten wir aber unseren Warteplatz an der Straße aufgeben. Es kam sowieso seit Stunden kein Auto vorbei. "Wir müssen wohl oder übel hier drin übernachten", meinte Robert. Draußen dämmerte es schon. Wir gaben auf und packten langsam unseren Schlafsack und die Isomatte aus.

Plötzlich hörte ich lautes Grölen und Freudenschreie. Was war da los? Beim Blick nach draußen traute ich meinen Augen kaum. Alle sechs Tramper hüpften gerade auf die Ladefläche eines Autos! Und dann sauste es auch schon davon. "Das kann doch nicht wahr sein!", schrie ich verzweifelt. Warum sind wir nicht draußen geblieben? Dann würden wir jetzt auch dasitzen. Ich rannte nach draußen, aber konnte nur noch die Staubwolke des Autos auf der Schotterpiste erkennen. Ich war am Boden zerstört. Niedergeschlagen drehte ich mich um, um wieder in den Raum zu laufen.

Plötzlich ging alles ganz schnell: Ein weiteres Auto fuhr in den Grenzübergang ein. Ich stoppte ihn und fragte aufgeregt nach einer Mitfahrgelegenheit. Er hatte tatsächlich noch zwei Plätze frei! Wir konnten es kaum glauben. Nicolas war unser Retter in der Not! Bei Sonnenuntergang rasten wir durch endlose Weiten, nun auf chilenischem Grund. Meine Augen wurden immer schwerer, bis sie irgendwann zu fielen.

Als ich sie wieder öffnete, fuhren wir immer noch. Wo zur Hölle sind wir bloß? Es war stockdunkel und wir konnten nichts erkennen, außer die Scheinwerfer von Nicolas Auto. Wir waren buchstäblich im Nirgendwo. "Dónde estamos?" (Wo sind wir?), fragten wir Nicolas. Wir waren schon seit Stunden unterwegs. In starkem chilenischem Akzent antwortete er. Wir verstanden fast nichts, außer das Wort „Autofähre". Und tatsächlich: wenige Minuten später fuhren wir auf eine Fähre und stiegen aus. Es war nun fast Mitternacht und wir todmüde. Wir wussten nicht, wie weit Nicolas noch fährt, geschweige denn wohin. Also beschlossen wir, nicht wieder einzusteigen. Als die Fähre anlegte, verabschiedeten wir uns von Nicolas. Etwas ungläubig ließ er uns ziehen. Wir wollten nur noch eins: Essen und Schlafen.

Hinter einem kleinen Leuchtturm bauten wir unser Zelt auf, kochten schnell eine Tütensuppe und schliefen sofort ein.

Am nächsten Morgen merkten wir erst einmal, wo wir da genau gezeltet hatten: Direkt an der Magellanstraße! Wir atmeten die frische Meeresbrise ein und realisierten so langsam, was wir am Tag zuvor alles erlebt haben. Kaum zu glauben, wir waren in Chile! Zu unserer Überraschung entdeckten wir gleich neben dem Leuchtturm einen kleinen Imbiss und kauften uns Muffins und Äpfel. Gestärkt nahmen wir erneut unseren Platz an der Straße ein und nach ein paar Stunden warten ging es voran: Wir kamen bis zur nächsten großen Kreuzung, die direkt nach Punta Arenas führt. Auch hier ging es fix: Der Trucker-Fahrer

Pablo nahm uns den ganzen Weg bis zu unserem Ziel mit. Wir waren sehr erleichtert, aber auch ziemlich geschafft. Was für ein Abenteuer!

Auch die Tage und Wochen danach fanden wir schnell unsere Mitfahrgelegenheiten. In Chile ist es weit verbreitet, per Anhalter zu fahren. Wenn das Wetter zu schlecht war oder wir zu bequem, nahmen wir ab und zu den Bus, aber meist nur für kurze Strecken. Zurück in Argentinien, brachte uns ein einheimisches Pärchen in unserem Alter mit ihrem kleinen Auto bis ins bekannte Wanderdorf El Chaltén. Robert und ich saßen zusammen mit unseren schweren Backpacks gequetscht auf der Rückbank, ein Becher mit Mate-Tee ging rum und wir philosophierten alle zusammen über das Leben. Ich war glücklich. Das mit dem Trampen ging doch viel besser als gedacht. Oder doch nicht?

Seit Stunden sitzen wir nun an der Ruta Nacional 40. „Und wessen Idee war das jetzt mit dem Trampen?" sage ich genervt. Wenn es nach mir ginge, hätten wir einfach den bequemsten Weg gewählt: mit dem Bus von El Chaltén nach Bariloche. Das sind 1426 Kilometer. Ca. 20 Stunden Busfahrt! Ich denke darüber nach, wie ich zerknirscht meinen Platz an der Straße in El Chaltén einnehme. Es regnete in Strömen und vor uns stand bereits ein anderes Pärchen und hielt den Daumen raus. Wir stellten uns hinter die beiden und warteten. Leider war in El Chaltén gerade Ende der Wandersaison. Nur wenige Autos kamen an uns vorbei, und kein Einziger hielt. Das Pärchen vor uns sah genauso betrübt aus wie wir und lief nach einer Stunde niedergeschlagen Richtung Bushaltestelle. Wir taten es ihnen gleich und einigten uns auf einen Kompromiss: Wir kauften ein Ticket für den Nachtbus Richtung Bariloche, wollten aber an der nächsten Station aussteigen und von da weiter unser Glück per Anhalter versuchen. Eine zwölfstündige, schlaflose Nachtbusfahrt mit einem Bus voller betrunkener und grölender Israelis später, kamen wir hier in Río Mayo an.

Die Sonne ging gerade auf. Wir kauften uns an der Tankstelle zwei Muffins und etwas Wasser, benutzten die Toilette und machten uns frisch. Wir waren die einzigen, die hier ausgestiegen sind. Nach einer kurzen Frühstückspause gingen wir zur Straße, die aus Río Mayo Richtung Norden führt. Keine fünf Minuten später brachte uns ein netter Opa zur Kreuzung an der Ruta Nacional 40. Er wünschte uns viel Glück und sauste wieder zurück in die Stadt.

Glück können wir jetzt wirklich gebrauchen. „Die Israelis sind bestimmt schon in Bariloche und lassen sich die Sonne ins Gesicht scheinen“, denke ich genervt. Ich bin durchgefroren und döse vor mich hin, als Robert plötzlich schreit: „Steh auf, der da hinten hält!“ Ich habe gar nicht mitbekommen, dass ein Auto vorbeigekommen ist, so müde bin ich. Schlaftrunken packe ich meinen Rucksack und renne zu dem weißen Pick-Up, der ein paar Meter neben uns angehalten hat.

Es ist eine argentinische Familie, Mutter, Vater und ein Kind. Die Ladefläche ist noch frei für uns! Was für ein Glücksgefühl. Erleichtert klettere ich auf den Pick-Up und suche mir, zwischen Plastikroller und Werkzeug, einen Platz. Wir rasen mit 100 km/h über die Schotterpiste der patagonischen Steppe. Der Wind sticht in mein Gesicht und ich kann die Augen kaum öffnen. Robert und ich klammern uns fest aneinander, damit wir nicht von der Ladefläche gepustet werden. Ich bin unendlich glücklich. Endlich geht es weiter. Und mit diesem Gefühl schlafe ich tatsächlich auf der Ladefläche dieses Autos ein. Ein paar Stunden und ca. 100 Kilometer später, wache ich wieder auf. Das Auto hat angehalten. Hier müssen wir raus. Mit ganzer Kraft raffe ich meine schwachen Glieder auf und klettere von der Ladefläche. Wir haben keine Ahnung wo wir sind, aber es sieht nach einem kleinen Örtchen aus. Wie machen wir weiter? "Wir könnten uns hier einen Platz zum Zelten suchen", schlage ich vor. Aber es ist erst Nachmittag und Robert sieht aus, als hätte er noch nicht genug. Wir schauen auf unsere mitgebrachte Straßenkarte: Es ist noch so weit bis Bariloche! Das schaffen wir unmöglich heute. "Wie wäre es, wenn wir es bis nach Esquel versuchen?" schlägt Robert vor. Esquel liegt eigentlich gar nicht auf unserer Route, ist aber als nächstgrößere Stadt eingezeichnet. Dort gibt es sicherlich ein günstiges Hostelzimmer mit einer heißen Dusche und einem gemütlichen Bett, träume ich. Das könnten wir heute wirklich noch schaffen. Motiviert von dem Gedanken an mein Bett, strecken wir den Daumen erneut raus.

Kurze Zeit später hält ein Mann im mittleren Alter. Robert steigt auf den Beifahrersitz, ich hinten ein. Wir fahren los und plötzlich wird mein Blick gefesselt: neben mir auf der Rückbank liegt ein echtes Gewehr! Mein Herz rutscht in die Hose. Neben dem Gewehr liegt noch ein weißer Kittel. Meine Fantasie dreht mit mir durch. Was will dieser Mann mit einem weißen Kittel und einem Gewehr? Ich versuche mir nichts anmerken zu lassen. Der Mann lacht etwas verrückt und laut, aber dann erzählt er, dass er Lehrer ist. Das erklärt also den weißen Kittel. Chemielehrer? Aber das Gewehr? Ich habe immer noch ein mulmiges Gefühl und sage auf Deutsch zu Robert, dass wir lieber schnell wieder aussteigen sollten. An der nächsten großen Kreuzung tun wir das auch. Es ist schon die Straße, die nach Esquel führt. Auch hier stehen schon wieder mehrere Tramper. Kurze Zeit später werden wir von einem netten, argentinischen Rentner Ehepaar mitgenommen, die uns mit Keksen wieder aufpäppeln. Sie fahren sogar Richtung Bariloche! Wir möchten jetzt aber doch lieber nach Esquel. Der Gedanke an ein weiches Bett und eine heiße Dusche lässt mich nämlich nicht mehr los. „Wir haben es fast geschafft", denke ich. Es dämmert schon. An einer Tankstelle müssen wir raus, kurz danach kreuzt sich die Straße. Die Rentner biegen rechts ab, wir müssen nach links. Wir sind unendlich müde und durchgefroren. Zum Glück gibt es an der Tankstelle kostenloses heißes Wasser, das wir uns in unsere Trinkflaschen abfüllen. Das tut so gut und wärmt von innen. Das letzte Stück, ca. eine halbe Stunde, werden wir von einem netten Mann mitgenommen, der in Esquel wohnt. Er setzt uns mitten vor einem kleinen Laden ab. Es ist schon dunkel, aber wir sind sehr hungrig. Als wir aussteigen, werden wir von den Fußgängern um uns herum neugierig begutachtet. „Hier scheinen nicht so viele ausländische Touristen vorbei zu kommen", denke ich. Der Besitzer des kleinen Shops ist so begeistert von uns und unserem Abenteuer, dass er uns Weißbrot und Äpfel schenkt. „Alemania, Alemania!", ruft er ein paar Mal begeistert. Wir sind sehr gerührt und den Tränen nahe. Wir fragen ihn, ob er eine gute Unterkunft kennt und er empfiehlt uns Esquels einziges Hostel. Eine halbe Stunde später checken wir genau dort ein. Endlich ein warmes Zimmer, ein weiches Bett und eine heiße Dusche.

Wir bleiben drei ganze Tage in Esquel, so gut gefällt es uns hier. Lernen neue Freunde kennen, wandern in einem Nationalpark, feiern Geburtstag im Hostel und genießen das wärmere Wetter. Wie gut, dass wir hier hergekommen sind! „Die spontanen Ideen sind doch die besten“, denke ich grinsend. Dann wird es Zeit, weiterzuziehen. Bariloche ist immer noch unser Ziel. Wir laufen zum Ortsausgang und positionieren uns mit unserem Pappschild gegenüber einer Tankstelle. Dort steht schon seit einigen Minuten ein roter Hummer, aus dem laute Technomusik dröhnt. Die Insassen begutachten uns neugierig. Es sind zwei Mädchen und zwei Jungs, höchstens 19 Jahre jung. Plötzlich fahren sie zu uns rüber: „Venga!“ rufen sie, steigt ein! Das lassen wir uns nicht zweimal sagen. Wir klettern beide auf die Rückbank und bestaunen die Innenausstattung des Hummers: weiße Ledersitze und unglaublich viel Platz. Der Junge am Lenkrad tritt aufs Gas, die Reifen quietschen und wir rasen los. „Der hat seinen Führerschein sicher noch nicht lange“, denke ich und halte mich am Sitz fest. Plötzlich hören wir Korken knallen. Die Mädchen neben uns haben Sekt und Bier geöffnet und bieten uns gleich was davon an. Auch der Fahrer bekommt ein Bier. Robert und ich wechseln verwirrte Blicke. Erst dann fällt uns auf, dass alle schon ziemlich betrunken sind! "Das Auto gehört meinem Vater", sagt der Typ am Steuer. Die Mädchen erzählen, dass sie es sich für ein Wochenende ausgeliehen haben, um in El Bolsón Party zu machen. El Bolsón ist ein kleiner Hippieort in Argentinien und liegt genau auf unserer Route nach Bariloche. Die Technomusik ist nun so laut, dass wir die Mädchen kaum verstehen. Mir ist ziemlich mulmig zumute. Der Fahrer kommt immer wieder von der Straße ab und fährt in den Straßengraben, dann lenkt er schnell wieder ein. Hilfe! Zum Glück geht es nur geradeaus. Ich versuche mich zu entspannen, habe aber echt Angst. Von vorne dringt plötzlich weißer Qualm zu uns auf die Rückbank. Ein Joint macht die Runde. Vielleicht sollten wir auch einfach mitrauchen und etwas runterkommen? Robert nimmt ein paar Züge, aber ich habe keine Lust. Ich möchte lieber so schnell wie möglich aus diesem Partyauto mit dem bekifften Fahrer aussteigen! Ein Straßenschild zeigt zum Glück nur noch wenige Kilometer bis nach El Bolsón. Wir beschließen, sofort auszusteigen und bitten den Fahrer anzuhalten. Eine Vollbremsung später sind wir endlich draußen. Ich muss mich erstmal beruhigen, setze mich ins Gras und nehme ein paar tiefe Atemzüge. Das war wohl die krasseste Mitfahrgelegenheit, die wir bis jetzt hatten! Mir reicht es. Spontan finden wir ein chilliges Yoga-Hostel und bleiben ein paar Tage, um uns von diesem Erlebnis zu erholen.

Später buchen wir den Bus nach Bariloche. Trotzdem nehmen wir diese letzte Erfahrung mit Humor. Schließlich gehört das zu einem richtigen Abenteuer dazu. No risk, no fun! Die letzten Wochen in Patagonien waren wohl eines der besten Erlebnisse unseres Lebens. Diese Geschichte werden wir mit Sicherheit noch unseren Enkelkindern erzählen. Getrampt sind wir dann aber trotzdem nicht weiter.

Nicht, weil wir Angst hatten, sondern weil ich plötzlich einen positiven Schwangerschaftstest in den Händen hielt. Aber das ist eine andere Geschichte...

Julia Endter ist studierte Wirtschaftskauffrau und arbeitete früher in einer Berliner PR-Agentur, bevor sie alles verkaufte und mit ihrem Mann für unbestimmte Zeit auf Weltreise ging, von der sie nie wieder so richtig in ein „normales" Leben zurückkehrte.

Ein ganzes Jahr lang umrundeten beide in ihrem alten Land Cruiser den Kontinent Australien, sprangen aus einem Flugzeug in Neuseeland, lernten meditieren im thailändischen Dschungel und fuhren per Anhalter durch Patagonien.

Nun führt Julia mit ihrem Mann und ihren zwei wunderbaren Töchtern (die im Januar 2016 und im Juni 2019 dazu kamen) ein regelrechtes Nomadenleben. Im Sommer sind die vier meistens in ihrem 40 Jahre alten Wohnwagen quer in Europa anzutreffen, im Winter zieht es sie stets ins Warme – überwiegend nach Thailand.

Julia arbeitet von unterwegs als freie Journalistin für verschiedene Print- und Onlinemedien und als vegane Ernährungsberaterin. Auf ihrem Blog schreibt sie über ihre Abenteuer. **www.weltenbummlerleben.de**

KAPITEL 9

Step Out – Auf dem Pacific Crest Trail durch Amerika

von Denise Manz

» In every walk with nature one receives far more than he seeks.«

- John Muir

Es nützte alles nichts. Ich blickte noch einmal zurück in die gähnende Leere, bückte mich schließlich und hievte meinen Rucksack vom staubigen Boden hoch. Eine Wolke aus Sand und Dreck wirbelte hoch, als ich ihn über die Schultern schwang und in Richtung Highway losstapfte. Es war 10 Uhr morgens und doch brannte die Sonne schon mit aller Kraft auf mich herunter. Wir hatten bestimmt schon wieder 30 Grad. Noch war ich Gott sei Dank nicht Schweiß gebadet und auch meine Kleidung versprühte noch einen leichten Geruch von Waschmittelfrische – doch das sollte sich bald ändern.

Ich war auf dem Weg zurück zum PCT – Pacific Crest Trail, um genauer zu sein. Dieser 4.270 km lange Pfad war in den letzten drei Monaten mein Zuhause geworden. Ein Zuhause, das in Campo, an der Grenze zu Mexiko startete und in Manning Park in Kanada enden sollte. Vorausgesetzt ich würde es bis dorthin schaffen.

Einmal längs durch die USA zu laufen, durch mehrere Klimazonen – Wüste, Hochgebirge, Berg- und Waldlandschaften – hatte es in sich. Ortschaften passierte ich, wenn überhaupt, nur alle paar Tage. Meist musste ich, wenn der PCT eine Straße kreuzte, per Anhalter ins nächste Dorf fahren, um mich mit Nahrung für die kommende Etappe einzudecken. Ich kaufte dann einen Haufen ungesundes Zeug: Tütennahrung, Energieriegel, Tortillas und M&M's – immer wieder M&M's. Ich hatte gehört, dass jeder Thruhiker – also diejenigen, die den PCT innerhalb einer Wandersaison durchlaufen – ein ungeheures Verlangen nach einem bestimmten Nahrungsmittel entwickelt. Bei einigen war es Snickers, bei anderen

Sprite – bei mir waren es M&M's. Jeden Abend eine Hand voll Schokonüsse verputzen, gehörte für mich zu den Highlights des Tages. Natürlich hätte ich auch viel mehr davon essen können, aber ich musste aufs Gewicht achten. Nicht auf meines, sondern auf das des Rucksacks.

Wer 4.270 km durch die Wildnis wandert, ist mit leichtem Gepäck besser beraten. Ich habe meine Ausrüstung also nach der Devise „So viel wie nötig, so wenig wie möglich“ zusammengestellt. Schlafsack, Isomatte und Zelt wogen zusammen keine drei Kilo. Mein Rucksack war ein Ultraleicht-Modell und hinzukam, dass ich jedes Kleidungsstück nur einmal besaß. Außer einer Unterhose: Davon hatte ich zwei. Unter sieben Kilo Basisgewicht brachte mein Hab und Gut damit auf die Waage. Sieben Kilo, die sich rasant vermehrten, wenn ich Wasser und Nahrung dazu packte – wie jetzt, an Tagen, wenn ich gerade meinen „Resupply“-Einkauf getätigt hatte. Zwei Liter Wasser und Essen für die nächsten sechs Tage: macht plus acht Kilo. Uff.

Ich schlenderte also in Richtung Highway, stellte mich in eine Parkbucht und streckte den Daumen in die Luft. Kein Auto weit und breit. Das war auch kein Wunder: Ich befand mich im 700-Seelen-Dorf Etna in Nordkalifornien. Hier lag sprichwörtlich der Hund begraben. Die letzten zwei Tage hatte ich damit verbracht, in meinem kleinen Airbnb-Zimmer auf Erholung zu warten. Nachdem ich einkaufen gewesen war, mein Proviant für die nächste Etappe ausgepackt, sortiert und neu verpackt und meine 10-Tage-lang-genutzten Drecksklamotten in die Waschmaschine geworfen hatte, legte ich mich ins Bett und stand in den nächsten 24 Stunden nur auf, um mir noch eine Portion Eis aus dem Gefrierschrank zu holen oder auf Toilette zu gehen. Jedes Mal, wenn meine Fußsohlen dann den Boden berührten, stöhnte ich kurz auf – vor Schmerzen. Meine Füße fühlten sich mittlerweile an, wie abgenutzte Radiergummi. Dabei hatte ich erst 2.571 Kilometer geschafft – noch keine zwei Drittel des Trails. Auf der nächsten Etappe würde ich gerade mal die Grenze zu Oregon überschreiten. Und auch durch Washington musste ich noch durch.

Am zweiten Tag meines „Zero Days" fühlte ich mich regelrecht deprimiert. Ich hatte mit Absicht eine Unterkunft für mich allein gebucht – um einfach mal wieder Privatsphäre zu genießen, die über die zwei Quadratmeter meines Zelts hinausging. Doch irgendwie fühlte ich mich leer. Auch das Gefühl, nicht mehr in die Zivilisation zu gehören, wurde von Townstop zu Townstop stärker. Am nächsten Morgen packte ich also meine Sachen, schnürte meine Schuhe und machte mich auf zum PCT – zurück nach Hause. Ich hoffte, auf dem Trail meine Energie zurückzufinden.

Einige Minuten später, kam dann tatsächlich ein Auto vorbei – ein alter Toyota Tacoma – und hielt an. Der Mann hinter dem Steuer lächelte mir zu. „PCT-Hiker?", fragte er mich. „Steig ein!"

Ich warf grinsend meinen Rucksack auf die Ladefläche und hopste auf den Beifahrersitz. „Vielen Dank", sagte ich. Ich war froh, dass ich mich nicht für meinen Gestank entschuldigen musste, wie ich es auf dem Weg *in* eine Stadt immer tat. Auf dem Weg *zurück* zum PCT war mein Geruch für einen Nicht-Wanderer gut auszuhalten. Ich begann eine kleine Unterhaltung mit meinem Fahrer Larry und erzählte ihm stark gekürzt von meinen Abenteuern in der Wüste, den High Sierras und erwähnte, dass ich jetzt sehr darauf gespannt sei, wie es sich anfühlen würde, Kalifornien hinter mir zu lassen. Larry war, wie alle Amerikaner, die ich unterwegs traf, unheimlich nett und hilfsbereit. Am Trailhead angekommen, bedankte er sich noch mindestens zehn Mal für unser Gespräch und kramte einen alten Müsliriegel aus dem Handschuhfach. „Ich habe leider nicht viel dabei, aber du bist doch bestimmt immer hungrig“, grinste er mir zu. Dankbar nahm ich den zerknitterten Riegel entgegen und steckte ihn in die Seitentasche meines Rucksacks. Wir verabschiedeten uns und schon war der Truck wieder verschwunden.

Ich schulterte mein Gepäck, fixierte meine Trekkingstöcke auf die richtige Länge und stiefelte los. Larry hatte recht. Eigentlich war ich immer hungrig. Schon nach gut 1.000 Kilometern war der sogenannte Hiker-Hunger eingetreten: unstillbarer Heißhunger auf alles, was mir zwischen die Finger geriet. Trotz meiner erhöhten Kalorienzufuhr verlor ich Kilo um Kilo. Kein Wunder: Ich war mittlerweile mindestens zwölf Stunden pro Tag auf den Beinen. Die erste Hälfte des PCT hatte ich mit zwei neu gewonnenen Freundinnen bewältigt. Doch nachdem eine der beiden wegen einer Verletzung aufhören musste, entschloss ich vorerst allein weiter zu ziehen. Ich hatte Lust meine ganz eigene Wanderdynamik zu finden und erhöhte meinen Tagesdurchschnitt kurzerhand von rund 35 Kilometern auf 48. Richtig, ich lief mittlerweile jeden Tag rund 30 Meilen – mehr als einen Marathon. Heute würden es etwas weniger sein, schließlich war ich reichlich spät gestartet.

Nach einem kurzen Anstieg durch ein ehemaliges Waldbrandgebiet erreichte ich endlich den etwas dichteren Wald. Die Bäume warfen ihren Schatten auf den Boden und ich setzte zum ersten Mal an diesem Tag meine Sonnenbrille ab. Mein Hemd war natürlich schon komplett durchgeschwitzt. 35 Grad – schätzte ich. Weiter ging es hoch und runter durch die hügelige Landschaft Nordkaliforniens. Immer wieder liefen mir Kaninchen oder Rehe über den Weg. Letzte Woche war ich sogar meinem ersten Bären begegnet. Er hatte einfach vor mir auf dem Trail gestanden und mich neugierig angeschaut. Als ich dann auf ihn zukam, rannte er weg. Mein Puls war auf hundertachtzig – aber nicht aus Angst, sondern vor Aufregung.

Die Aufregung war mittlerweile leider verflogen. Um die Mittagszeit suchte ich mir ein gemütliches Plätzchen am Wegrand und breitete meine Mahlzeit vor mir aus: Tortillas mit Käse. Der Käse hatte bei den Temperaturen schon zu schwitzen begonnen, doch ich hatte gelernt, dass man ihn trotzdem noch lange essen konnte. Ich wickelte ihn in einen Weizenfladen und biss hinein. Ekel überkam mich. Ich schluckte den angefangenen Bissen mühevoll hinunter und ließ meine Hand mit dem Tortilla-Sandwich sinken. Der Appetit war mir vergangen. Hitze, Anstrengung und verlorener Elan führten dazu, dass ich immer weniger hinunter bekam. Nichts schmeckte mehr. Und nun musste ich mir eingestehen, dass ich nicht mal eine Scheibe Cheddar in einer Tortilla eingewickelt essen konnte. Ich vergrub den Käse unter der Erde und stopfte mir den Rest Tortilla trostlos in den Mund.

Dann nahm ich Larrys Müsliriegel aus dem Seitenfach und schob ihn hinterher. Das musste reichen.

Als ich am Abend einen Platz für mein Zelt gefunden hatte, richtete ich mich ein und holte meinen Kocher heraus. Dann schaute ich ihn kurz an und steckte ihn wieder zurück in den Rucksack. Stattdessen zwang ich mir zwei trockene Tortillas hinunter – und natürlich eine Hand voll M&M's.

Am nächsten Morgen: dasselbe Trauerspiel. Ich hatte meinen Appetit verloren. Also tat ich, was nur übrig blieb: weiterwandern. Irgendwann würden die Temperaturen wieder fallen und meine Lust aufs Essen schon zurückkommen. So streifte ich zwei weitere Tage durch die Wildnis und legte Meile für Meile zurück. Die einzigen Menschen, die ich traf, waren Braidy und Velcro – und außer ein paar „Hello" fand nicht viel Konversation statt. Nein, die Beiden hießen nicht wirklich „Zöpfchen" und „Klettverschluss" – das waren ihre Trailnamen. Der PCT ist ein Universum für sich. Und da man während eines Thruhikes sein anderes Leben komplett hinter sich lässt, kann man auch direkt seinen Namen abgeben. Jeder Hiker wird von seinen Mitstreitern also neu getauft. Meist basiert der neue Name auf einem Erscheinungsmerkmal, einer Charaktereigenschaft oder einem lustigen Ereignis, das die Trail-Family – so heißt die Wanderclique – zusammen erlebt hat. Da wird aus Judy wegen ihrer langen Zöpfe eben Braidy. Daniel wird zu Velcro, weil er jeden Morgen in seinem Schlafsack festhängt – wie ein Klettverschluss. Und aus einem kälteliebenden Islandfan wie mir, wird Icebear. Das ist der Name, auf den ich seit drei Monaten höre.

Es war bereits Abend, als ich einen Fluss überquerte und auf einen großen Zeltplatz stieß. Ein paar Zelte waren bereits errichtet und in der Ferne sah ich mehrere Menschen, die zusammen an einem Campingtisch saßen. Ich ging schnurstracks auf sie zu. Vielleicht würde ich wenigstens ein nettes Gespräch während des Abendessens führen. Die Gruppe hatte bereits ihre Kocher aufgebaut und ihr Proviant auf dem Tisch verteilt. Einige raschelten in Chipstüten herum, andere kramten noch in ihren Foodsacks. Ich wollte gerade zu einer Begrüßung ansetzen, da hörte ich eine bekannte Stimme. „Icebear?"

Sie kam vom Hiker ganz außen am Tisch. Ich hatte Pack das erste Mal in der Wüste im Süden Kaliforniens getroffen. Dann in Kennedy Meadows. Und später im Yosemite-Nationalpark. Wir waren uns immer wieder begegnet, obwohl wir nie offiziell zusammengelaufen sind. Er war mit seiner Wanderfreundin Dorito unterwegs – ich mit Cheerio und Flora. Und jetzt hätte ich ihn fast nicht erkannt, so sehr haben wir uns auf dem Trail verändert. Sein Bart war länger geworden. Und auch er hatte einige Kilos verloren. Nur seine großen Hände verrieten noch, dass er früher um einiges muskulöser gewesen sein musste. „Pack!", rief ich erfreut. „Schön dich zu sehen!" „Na und dich erst", lachte er. „Long time no see. Wie geht es dir?"

Ich stellte mich kurz den anderen – mir unbekannten – Hikern vor, quetschte mich neben Pack auf die Bank und fing an zu erzählen. „… und aus diesem Grund bin ich jetzt allein unterwegs", beendete ich schließlich meine Zusammenfassung der letzten Wochen. Dann schaute ich ihn fragend an: „Und wo ist Dorito?" Pack zuckte mit den Schultern. „Sie hat den Trail verlassen.

Die Sierras haben ihr den Rest gegeben. Wir haben uns bereits in Lake Tahoe getrennt."

Mehr als ein „Oh wow" brachte ich nicht über die Lippen. Immer häufiger kam es vor, dass ich von Hikern erfuhr, die den Trail abbrachen. Und irgendwie machte mich das jedes Mal ein bisschen traurig. „Aber jetzt hör auf zu erzählen. Willst du nicht mal was essen?", stupste Pack mich schließlich an. Ich entgegnete nichts, holte meinen Proviant hervor und fing an, eine trockene Tortilla zusammenzurollen. Pack sah mich ungläubig an. „Was ist los mit dir?" „Ich", stammelte ich, „...habe gerade keinen Appetit." Jetzt schauten auch die anderen Hiker zu mir herüber. Ihre Gesichter hatten alle den gleichen Gesichtsausdruck angenommen: Schock. „Keinen Appetit?", hörte ich sie wie im Chor sagen. „Das geht nicht!" Im Nu hatte ich Cracker mit Frischkäse auf dem Teller, Reis mit Tomatensauce, die Reste von Packs Rahmnudeln und eine halbe Tüte Chips. Ich grinste verunsichert, aber aß tatsächlich alles auf. In Gesellschaft schmeckte es gleich viel besser.

Später baute ich mein Zelt in der Nähe des Flusses auf und schlenderte dann zum Ufer, um mein Gesicht und meine verschwitzten Füße in ihm zu waschen. Als ich gerade die Socken abstreifte, kam Pack um die Ecke. „Do you mind?" „Nein, nein. Komm ruhig her." „Ich muss noch mein Wasser für morgen filtern", sagte er und hielt seinen Wasserfilter in die Höhe. „Das machst du besser flussaufwärts, wo ich meine Füße nicht hineingesteckt habe", grinste ich. Er grinste zurück. „Schon okay." Dann sprang er ein paar Steine weiter und tauchte eine Trinkflasche in die Strömung. „Hast du schon von der *Fire Closure* gehört?" „Nein, wo?", gab ich überrascht zurück. Ich hatte mich in letzter Zeit wenig über die Trail-Konditionen informiert. „Direkt hinter der Grenze zu Oregon. Der Trail ist für 20 Meilen gesperrt. Es gibt einen Umweg, aber der soll wohl sehr kompliziert sein. Einige Hiker überspringen den Abschnitt daher und fahren per Anhalter direkt bis nach Ashland."

Ich schwieg. Man hatte uns vor den Sperrungen gewarnt, die aufgrund der Waldbrände nötig waren. Jetzt war es also soweit. „Und was machst du?", fragte ich. „Ich weiß es noch nicht. Morgen kommen wir an der letzten Straßenüberquerung in Kalifornien vorbei. Dort entscheide ich spontan." „Hmm..." Nachdenklich rieb ich mir den Dreck zwischen den Zehen weg. „Dann werde ich das auch tun." Ich hatte keine Lust, mich unnötig in Gefahr zu begeben. Aber nach knapp 100 Tagen und 1.700 Meilen in Kalifornien wollte ich die Grenze nach Oregon natürlich am liebsten zu Fuß überqueren.

Pack und ich verabredeten uns zum Frühstück im Tankstellen-Café Seiad Valley, dem letzten Fleckchen Zivilisation, das ich in Kalifornien sehen würde. Von dort aus würden wir weitersehen. Als ich am nächsten Morgen dort ankam, saß er bereits vor einem großen Stapel Pancakes. „Good morning, Icebear! Und, hast du dich entschieden?"

Ich hatte die gesamten sechs Meilen vom Zeltplatz bis zum Café darüber nachgedacht, was ich tun sollte, doch eine Entscheidung hatte ich noch nicht getroffen. Als ich gerade mit den Schultern zucken wollte, kam eine Gruppe Hiker zur Tür herein, die lauthals über eben jenes Thema diskutierte. „Einige sind nach zwei Tagen wieder umgekehrt und hierher zurückgekommen", hörte ich eine Frau sagen. „Und wisst ihr", unterbrach sie ein junger Mann, „es wird sich wie im Rauch eines Lagerfeuers anfühlen – 30 Meilen lang." Ich musste zurück an die High Sierras denken, wo man uns das Gefühl gab, auf jeden Fall zu sterben, wenn man keine Eisaxt dabeihaben würde. Da drehte ich mich zu Pack und sagte entschlossen: „Ich gehe." Er grinste. „Aber nur, wenn du mitkommst", fügte ich hinzu und merkte an seinem Blick, dass das die richtige Antwort war. „Yes, Ma'am!", lachte er und stopfte sich einen halben Pancake auf einmal in den Mund. Wir brachen zur Mittagszeit auf und legten den 1.400 Meter hohen Anstieg aus dem Tal bei 40 Grad zurück. Ich fluchte. Wie lange sollte es noch so warm bleiben?

„Darf ich dich mal was fragen, Pack?", keuchte ich, als wir oben angekommen waren. „Klar." „Also... du hast deinen Namen aufgrund des großen Rucksacks bekommen." Ich wischte mir den Schweiß von der Stirn. „Doch warum zur Hölle läufst du diesen Trail freiwillig mit so viel Gewicht?" „Das ist nicht viel Gewicht", zwinkerte Pack mir zu. „Für mich jedenfalls nicht." Er schwieg kurz, dann fuhr er fort: „Wer einmal in der Army war, ist anderes gewöhnt." „Du warst in der Army?", überrascht blieb ich stehen. Pack drehte sich um und sah mich ernst an. „Bis vor drei Monaten war ich noch in der Army, ja." Auf mein Schweigen hin, redete er weiter. „Ich war fünf Jahre lang als Fallschirmjäger in Europa und im mittleren Osten stationiert. Mit viel Gepäck durch den Wald oder die Wüste irren ist sozusagen mein Spezialgebiet." Er grinste. „Und...", stammelte ich, „wie kommt es, dass du nun hier bist?" Pack zuckte mit den Schultern. „Ich war fünf Jahre lange nicht zu Hause. Nicht in Amerika.

Ich musste mich irgendwie erst einmal einfinden.“ „Indem du dein Land zu Fuß durchquerst“, schlussfolgerte ich. „So in etwa“, lachte er und zog schnellen Schrittes weiter.

Zwei Tage später hatten wir die Grenze erreicht. Pack jubelte wie im Fußballstadion, als er auf den Baum zu rannte, der das Ende von Kalifornien und den Anfang von Oregon markierte. Seine gute Laune steckte mich an. „Ich möchte mal gerne wissen, was du machst, wenn du Kanada erreichst!“, lachte ich und schlug den dicken Metallkasten auf, hinter dem sich das Trail-Register befand. Wir unterzeichneten beide mit unseren Namen – Pack and Icebear – und zogen weiter.

Schon kurze Zeit später standen wir vor einer Schranke aus rot-weißem Flatterband. „Die Fire Closure“, stellte Pack fest. Dann steuerte er auf einen kleinen Zettel zu, der an einem Pfahl befestigt war, und fing an laut vorzulesen: „Achtung Gefahr! Liebe PCT-Hiker, wir raten euch dringend an, umzukehren! Das Wegenetz der Fire Detour ist ein Labyrinth. Die Wege sind schlecht markiert und schwer zu finden. Die Gefahr euch zu verlaufen, ist sehr groß. Geht zurück und nehmt den Bus bis Ashland. Wir meinen es ernst: It’s a maze! Gezeichnet – das Forestry Office.“

„It’s a maze“, wiederholte ich. „Das klingt ja, als würden wir hier sterben. Bitte kehren Sie um und machen Sie erst eine Survival-Ausbildung, bevor Sie wiederkommen!“ „Ja“, schmunzelte Pack. „Ohne Masterabschluss in Navigation wird das nichts.“ Er schnaubte kurz und schritt voran. „Let’s go!“ Ich hastete hinterher. Ganz kalt ließen die Warnungen mich nicht. Da war es mir lieber, den Umweg mit einem gut geschulten Army Veteran zusammen zu laufen. „Aber lass mich nicht allein." „Nein", antwortete er knapp, blieb dann stehen und schaute zu mir zurück. „Ich passe auf."

Der restliche Tag verlief ohne weitere Probleme. Andere PCT-Hiker hatten bereits Wegweiser aus Stöcken auf dem Boden platziert. An den Kreuzungen glich Pack die Route kurz mit seiner Karte ab und schon ging es weiter. Da wir uns auf Forststraßen befanden, waren die Wege sogar so breit, dass wir nebeneinander laufen und uns ungehindert unterhalten konnten. Die Stimmung war gelöst.

Am Abend suchten wir uns ein flaches Plätzchen am Wegrand und errichteten ein kleines Lager. Die Zelte ließen wir in den Rucksäcken, denn es war warm, mückenfrei und die Sonne strahlte am Himmel. Zum Abendessen setzten wir uns zusammen. Als ich meine trockenen Tortillas herausholte, winkte Pack ab. „Mh mh! Keine trockenen Tortillas für dich heute. Du musst wieder zu Kräften kommen." Er wühlte kurz in seinem Proviantbeutel und zog eine kleine Tüte hervor. „Try this!" Ich nahm das Päckchen entgegen. „Was ist das?" „Selbstgemachte Trockennahrung: freeze-dried protein pasta." „Aber ich kann doch nicht..." Doch er schaute mich scharf an. „Eat it!" Also holte ich zum ersten Mal seit Wochen meinen Kocher hervor und bereitete mir eine richtige Mahlzeit zu. Und was noch ungewöhnlicher war: Sie schmeckte. „Oh my god, Pack! It's so good!" Er lächelte. „I know." „Wenn wir in Ashland sind, dann gebe ich..." Pack winkte ab. „No worries. Habe ich gern getan." Wir grinsten uns an. Ich war so dankbar, dass ich ihm die Hälfte meiner M&M's anbot, die er jedoch nicht annehmen wollte.

Nach dem Abendessen schlüpften wir in unsere Schlafsäcke und schauten gemeinsam in den Himmel, der uns mit einem tiefroten Sonnenuntergang verwöhnte. „Besser als jedes Kino", murmelte ich. „Da hast du recht", stimmte Pack mir zu. Dann drehte er sich mit dem Gesicht zu mir und wir schauten uns so lange durch die kleinen Schlafsacköffnungen an, bis wir einschliefen.

Am nächsten Tag ging es zügig weiter. Der Weg war leicht zu finden, das Terrain war einfach zu laufen und es ging größtenteils bergab. Wir waren gut drauf und alberten die ganze Zeit herum. Bereits am Nachmittag hatten wir den Großteil der Fire Detour hinter uns – ohne ein einziges Mal auf die Karte gucken zu müssen. Als wir zurück auf den Trail stießen, blieben wir kurz stehen. Bis nach Ashland waren es jetzt nur noch wenige Kilometer. „Also das war wirklich hart", stöhnte Pack ironisch. „Wir sind nur knapp dem Tod entkommen", stieg ich mit ein. „Dieses Labyrinth...", höhnte er. „IT'S A MAZE!", riefen wir beide gleichzeitig und prusteten los. Zwei Menschen, die mitten im Wald einen Lachanfall bekamen. In diesem Moment löste sich der Knoten in mir. Ich war bei bester Laune. Ich hatte plötzlich wieder Appetit. Und ich war mir sicher, dass wir es bald bis nach Kanada schaffen würden.

Denise – wer hätte es gedacht – wandert gerne.
Ihre erste Trekkingtour führte sie entlang der Deiche quer durch Ostfriesland. Der kluge Hintergedanke war natürlich, dass man sich dort nicht verlaufen könne. Nach erfolgreichen 150 Kilometern wurde sie mutiger. Es folgten weitere Touren in Deutschland, in Nordschweden, auf Island und in Schottland – und jedes Mal dachte sich Denise: Bitte weiter. Bitte wilder. Dann entdeckte sie den Pacific Crest Trail und sie wusste sofort: Der ist es. Getreu ihres Mottos „Nicht nur träumen, sondern auch machen“ stand sie nach monatelanger Planung im April 2018 am Southern Terminus in Südkalifornien. Vor ihr nichts als tausende Meilen und Höhenmeter durch Wüsten, Hochgebirge und Wälder. Von ihren Abenteuern erzählt sie auf ihrem Blog:

www.miles-n-music.com

KAPITEL 10

Ein Roller auf Reisen ist Freiheit

von Carla Vollert

» Fremde sind vielleicht Freunde,
die wir heut´ noch nicht kennen. «

- *Friedrich Nietzsche*

„Mist, Mist, Mist!“ Ich stehe mitten auf einer verlassenen Landstraße auf Nusa Penida, einer kleinen traumhaften Insel in Indonesien und mein Roller gibt den Geist auf. Ich kann mich nicht genau erinnern, wie lange es her ist, als ich das letzte Dorf durchfahren habe. Nach wie vielen Kilometern das nächste Dorf kommt, weiß ich erst recht nicht. Ich probiere noch ein paar Mal den Motor zu starten, doch er möchte einfach nicht anspringen. „Was mache ich jetzt nur?“, denke ich. Es ist superheiß in der Mittagssonne. Ich entscheide mich erst mal dafür, den Roller abzustellen und suche mir dafür ein schattiges Plätzchen.

Wie immer, wenn ich auf Reisen bin, habe ich mir einen Roller ausgeliehen. Für mich ist dieses kleine Fahrzeug auf zwei Rädern der Inbegriff von Freiheit. Mit ihm kann ich jede Ecke erkunden und selbst entscheiden, wo ich anhalte. Der Fahrtwind ist besonders bei den hohen Temperaturen super angenehm. Ich bin flexibel und liebe es zu fahren, wohin ich möchte.

Bali

Zuvor auf Bali, habe ich mich in dem kleinen Küstenort Amed einquartiert. Amed, an der Westküste liegend, ist ein ruhiger Ort, der bekannt dafür ist, eine gute Tauchgegend zu sein. Hier ist es entspannter im Vergleich zum Westen, wo sich die meisten Touris tummeln und die Strände überfluten.

Von meinem Host konnte ich immer günstig einen Scooter leihen und so beschloss ich eines Tages, einen längeren Ausflug zu machen. Es ist schon zur Gewohnheit geworden, mir auf diesem Weg die Gegend anzusehen. Wenn ich mir einen Roller ausleihe, achte ich immer darauf, dass ich einen Helm habe, der gut passt und nicht so viele Macken aufweist. Ich fahre immer mit Helm, egal wie kurz die Strecke ist. Da verstehe ich auch leider viele andere nicht. Wie cool kann man sein, um eine Kopfverletzung zu riskieren? Gerade in anderen Ländern, wo auch die Unfallwahrscheinlichkeit nochmal viel höher liegt und die Krankenversorgung leider oft schlechter ist.

Auch achte ich bei dem Roller immer darauf, dass es beide Rückspiegel gibt, dass die Bremsen funktionieren und dass die Reifen noch genug Profil haben. Zum Glück ist mir bisher noch nie etwas passiert.

Das Benzin in den meisten typischen Backpacker-Ländern ist supergünstig und man kann es oft am Straßenrand an kleinen Ständen, abgefüllt in alten Wodkaflaschen, kaufen. Die Miete für den Roller ist ebenfalls gering. Man darf nicht allzu viel erwarten und eine Versicherung gibt es oft auch nicht, dennoch kann ich mir nichts Schöneres vorstellen.

Ich schnappe mir also meinen Helm und steige auf den Scooter, ohne zu wissen was mich an diesem Tag erwartet. Ich möchte die Küstenstraße Richtung Süden entlangfahren und mir die kleinen Fischerdörfer ansehen. Oft passiert auf dieser Strecke nichts, ich bin ganz allein unterwegs, fahre an wunderschönen Stränden vorbei und durch die Natur. Aktuell ist die Trockenzeit noch sehr stark zu merken. Bali steht kurz vor dem ersten Regen und die Einheimischen fiebern diesem Tag sehnlichst entgegen. Während ich die ersten Minuten unterwegs bin, kann ich sehen, wie sich die Natur verändert. Hier fährt selten jemand her und die Bäume und Pflanzen haben sich ihren Platz zurückerobert. Es ist so schön zu sehen, wie die Natur aufblüht, wenn der Mensch nicht dazwischen funkt. Viele Pflanzen sind mir unbekannt und erinnern mich etwas an die Abenteuerfilme aus einem fernen, fernen Land.

Immer wieder fahre ich durch kleine Dörfer, wo wenige Holzhäuser stehen. Kinder kommen an die Straße gelaufen und winken mir zu. Aufgeregt rufen sie: „Hello! Hello!“ und freuen sich, wenn ich zurückwinke. Es gibt auch auf Bali immer noch Orte, an denen kaum ein Tourist vorbeikommt. Und ich kann gerade nicht sagen, wer von uns glücklicher ist.

Viele kurvige Straßen führen mich einen kleinen Berg hinauf. Von hier oben genieße ich die Aussicht. Es stehen zahlreiche, bunte und bezaubernde Fischerboote am Strand und warten auf ihren nächsten Einsatz. Ich nutze den kurzen Zwischenstopp, um mich erneut einzucremen. Die Sonne knallt auf meine Haut. Durch den Fahrtwind unterschätze ich die Sonnenstrahlen oft sehr und möchte einen Sonnenbrand vermeiden.

Nach wenigen Stunden puren Fahrgenusses, erreiche ich mein erstes Ziel: den Wasserpalast Taman Ujung. An diesem schönen Ort mache ich meine nächste Pause und schaue mir an, was mich hier erwartet. Es gibt wundervolle Gärten mit außergewöhnlichen Blumen und Pflanzen. Bäume, die so verrückt

aussehen und alle einen kleinen Gebetstempel vor sich haben, sowie eine Aussichtsplattform, von der ich alles überblicken kann.
Der Himmel zieht sich zu und wird langsam dunkler. Ich habe für heute kein wirkliches Ziel und wollte nur einen Ausflug machen, um die Gegend zu erkunden. Nun bin ich mir unsicher, wie ich am besten nach Hause komme. Natürlich könnte ich die Küstenstraße wieder zurückfahren, allerdings hatte ich auch gelesen, dass ich im Landesinneren an Reisterrassen vorbeikommen würde. Der Weg scheint ungefähr gleichlang zu sein und daher entscheide ich mich für letzteres. Wenn ich das mal alles vorher gewusst hätte. Mit meinem Navi versuche ich die richtige Abzweigung zu bekommen und finde mich wenig später in einer größeren Stadt wieder. Damit habe ich überhaupt nicht gerechnet. Da in Indonesien Linksverkehr herrscht und ich nicht sicher bin, wohin ich muss, muss ich meine Fahrt ständig unterbrechen. Einige Straßenführungen wurden geändert und so komme ich immer wieder an der gleichen Stelle raus, es ist zum Verrücktwerden. Der Himmel zieht sich immer weiter zu und so langsam bin ich sicher, dass es heute den langersehnten Regen geben wird.

Nach vielen verzweifelten Versuchen habe ich nun die richtige Straße gefunden, die mich raus aus dem Getümmel und hin zu den Reisfeldern bringen wird. Leider wusste ich nicht, dass das eine viel befahrene, große Straße ist, die schlangenartig ins Tal herunterführt. Bei jeder Kurve habe ich Angst von einem LKW erfasst zu werden, da diese so gar nicht ihre Spur einhalten. Den Trick der Einheimischen nehme ich gerne an und ab sofort hupe ich bei jeder

Kurve, um auf mich aufmerksam zu machen.

Wie hätte es anders sein sollen, fangen die ersten Tropfen an mich zu bedecken. Innerhalb weniger Sekunden regnet es so stark, dass ich anhalte und kurz überlege, was jetzt die beste Lösung ist. Es gibt nirgends eine Möglichkeit sich unter zu stellen und nass bin ich jetzt eh schon. Ich weiß nicht warum, aber ich finde richtig Gefallen an dem Regen und freue mich so sehr für die Bewohner, dass ich den Motor wieder starte und durch die Wassermassen mit richtig guter Laune weiter meinen Weg nach Hause fortsetze. Angekommen, pitschnass bis auf die Unterwäsche und überglücklich, überreiche ich meinen Helm und den Schlüssel dem Besitzer und bin etwas stolz, wie gut sich dieser Tag trotz oder gerade wegen des Regens entwickelt hat.

Nusa Penida

Auf Nusa Penida habe ich dieses Mal beim Roller ausleihen nicht so viele Dinge beachtet, wie sonst. Die letzten Wochen hatte ich die verschiedensten Roller ausgeliehen, eine Probefahrt gemacht und alles gecheckt. Bisher ist immer alles gut gegangen. Heute war ich etwas leichtsinnig und bin freudestrahlend direkt losgefahren. Nach den ersten Kilometern ist mir aufgefallen, dass außer den Bremsen und der Hupe nicht besonders viel funktioniert. Zum Beispiel die Tachoanzeige geht nicht und so muss ich mich auf mein Gefühl verlassen. Ich habe keine Ahnung wie schnell ich fahre und hoffe, dass mir die letzten Tage geholfen haben, um das besser einzuschätzen. Auf den kleinen Inseln und schlechten Straßen kann man eh nicht so schnell fahren und ich gehe lieber auf Nummer sicher. Die Blinker und das Licht funktionieren leider auch nicht und so halte ich meine Hand raus, wie beim Fahrradfahren, wenn ich abbiegen möchte.

Die ersten Kilometer fahre ich auf den schlechtesten Straßen, die ich je geteert gesehen habe. Die Ränder sind nicht begradigt worden und laufen in groben Wellen aus. Ebenfalls liegt die geteerte Straße weit über dem normalen Boden, sodass eine kleine Unaufmerksamkeit dazu führen könnte, direkt im Graben zu landen. Vor diesen Straßen wurde ich auf Bali gewarnt, es sei zu gefährlich allein mit dem Roller loszuziehen, haben sie gesagt. Ich wollte mir da allerdings gern meine eigene Meinung dazu bilden und bin einfach los.

Wie immer genieße ich die Fahrt total und habe bereits einige Holzhütten als Dörfer hinter mir gelassen. Der Roller ist zwar an vielen Punkten defekt, allerdings für meine Zwecke absolut brauchbar. Was ich allerdings nicht bedacht habe ist, dass eventuell auch die Tankanzeige defekt sein könnte und so kommen wir zum Anfang der Geschichte.

„Mist, Mist, Mist!“ Ich stehe mitten auf einer verlassenen Landstraße auf Nusa Penida, einer kleinen traumhaften Insel in Indonesien und mein Roller gibt den Geist auf. Ich kann mich nicht genau erinnern, wie lange es her ist, als ich das letzte Dorf durchfahren habe. Nach wie vielen Kilometern das nächste Dorf kommt, weiß ich erst recht nicht. Ich probiere noch ein paar Mal den Motor zu starten, doch er möchte einfach nicht anspringen. „Was mache ich jetzt nur?“, denke ich. Es ist superheiß in der Mittagssonne. Ich entscheide mich dafür erst mal den Roller abzustellen und suche mir dafür ein schattiges Plätzchen. Ich öffne den Tank und sehe... nichts! Total leer. „So ein Mist!“

Nun stehe ich in der Mittagshitze und überlege, wo ich Benzin herbekomme. Während ich mir den Kopf zerbreche, kommt ein Auto auf mich zu gefahren. Ich wedele aufgeregt mit der Hand und bringe den Fahrer tatsächlich dazu, stehen zu bleiben. Hier auf den Straßen ist nicht besonders viel los, also habe ich nicht so viele Chancen ein Auto anzuhalten. Ich versuche ihm zu erklären, dass ich Benzin brauche und möchte wissen, ob er zufällig einen Kanister im Auto hat. Er schüttelt den Kopf. Ein weiterer Indonesier steigt aus und schaut sich die Situation an. Zu meiner Verwunderung lebt er aktuell in München und spricht somit gutes Deutsch. Er ist mit seiner Mutter unterwegs, die eigentlich in Jakarta lebt und macht mit ihr Urlaub auf Nusa Penida.
Der Fahrer bittet um meinen Schlüssel, denn er möchte sich darum kümmern. Ich drücke ihm ein paar indonesische Rupiah in die Hand und ehe ich mich versehen kann, schnappt er sich meinen Roller und rennt damit los. Ich versuche ihm noch zu erklären, dass er nicht anspringt, aber er ist schon zu weit weg. Er rennt und rennt und als es bergab geht setzt er sich auf den Roller und fährt los. Die Einheimischen haben wirklich die besten Tricks auf Lager.

Völlig verdutzt von der Gesamtsituation bleibe ich mit dem deutschsprechenden Indonesier zurück und wir tauschen uns über die Länder und Kulturen aus. Wirklich nur wenige Minuten später höre ich

Motorgeräusche. Der Fahrer kommt mit meinem Roller freudestrahlend den Berg hochgefahren und gibt ihn mir zurück.

Das restliche Geld möchte ich ihm als Dankeschön schenken, aber er lehnt es immer wieder ab.

An diesem Tag habe ich wirklich wenige Autos auf der Strecke gesehen, denn ich habe mich nicht für die typischen Touristenorte entschieden. Was ein Glück, dass meine Retter ziemlich schnell da waren und direkt geholfen haben.

Viele der Straßen sind Sandstraßen oder Schotterpisten. Man sollte sich also wirklich sicher im Rollerfahren sein und das ein oder andere Mal mutig und selbstbewusst fahren. Dennoch immer auch vorsichtig bleiben, was mich eine Begegnung auch wieder gelehrt hat. Hinter einer Kurve treffe ich auf drei Jungs am Straßenrand. Einer der dreien ist blutüberströmt und ich halte sofort an. „Was ist passiert?“, frage ich in die Runde. Der Freund antwortet mir: „Er war zu schnell unterwegs und ist in der Kurve schwer gestürzt!“ Er hat nur eine Badehose an und ist ohne Helm unterwegs, daher hat er von Kopf bis Fuß wirklich überall tiefe Schrammen und blutet stark.

Ich biete meine Hilfe an, obwohl ich selbst nicht genau weiß, was ich tun kann. Leider haben alle unsere Handys kein Netz. Ich fahre auf der Insel immer nach Gefühl und nach den Schildern, denn auch das Navi funktioniert hier leider nicht. Wir versuchen dennoch, jemanden zu erreichen, aber leider kommt keiner durch. Ich biete ihnen noch meinen letzten Rest Wasser an, um wenigstens irgendetwas zu tun. Sie beschließen mit den anderen beiden Rollern zurück zu fahren und es dann in ihrer Unterkunft zu klären. Ich wünsche ihnen noch alles Gute, fahre beunruhigt weiter und denke noch oft an die drei Jungs.

Natürlich habe ich mir auch die Hotspots der Insel angeschaut und muss sagen - es lohnt sich.

In Crystal Bay Beach angekommen, lerne ich recht schnell ein Mädchen kennen. „Hast du Lust mit schnorcheln zu kommen?“, fragt sie mich. „Na klar“, antworte ich ihr und ziehe mich direkt um. Es ist eine perfekte Abkühlung, denn aktuell sind es gute 38 Grad und in der Sonne ist es kaum auszuhalten. Ich hatte im Vorfeld gelesen, dass es ein guter Spot ist, um mit Manta-Rochen zu schwimmen. Kurzentschlossen gehen wir zur Information und buchen ein Boot. Leider können wir an diesem Tag diese unfassbaren Tiere nicht entdecken. Es stellte sich später raus, dass es nicht die richtige Saison ist. Da man mit einer Tour natürlich Geld verdienen kann, haben die Guides uns das nicht verraten, also recherchiere am besten im Vorfeld, falls du so etwas auch einmal machen möchtest.

Die Bootstour hat sich für uns auch so gelohnt, denn wir kamen an ganz anderen Buchten und Gegenden der Insel vorbei und selbst das war schon eine tolle Erfahrung.

Überraschender Weise hält dieser Trip noch etwas ganz Besonderes für uns bereit: kurz vor dem Ende unserer Fahrt springen Delfine aus dem Wasser. DELFINE! Unser Guide entdeckt sie sofort und bleibt stehen. Als er hinterher fahren will stoppe ich ihn, denn ich mag es gar nicht, wenn die Delfine so bedrängt werden. Zu unserem Glück kommen sie zu uns und es werden immer mehr. Es sind bestimmt 20 - 30 Delfine, die einen riesigen Spaß haben und uns eine super Show liefern. Und das ganz freiwillig. Wir verbringen noch eine gute halbe Stunde vor dem Strand, bis sie weiterziehen. Zurück am Ufer können wir unser Glück gar nicht fassen. Was für ein perfekter Tag!

Crystal Bay Beach ist ebenfalls bekannt für wunderschöne Sonnenuntergänge. Da mein Roller allerdings kein funktionierendes Licht hat und die Straßen nicht beleuchtet sind, mache ich mich auf den Rückweg. Auf Nusa Penida ist der Kelingking Beach superbekannt für das typische Nusa-Penida-Foto. An diesem Ort treffen sich zwei Strände, mit weißem Sand und türkisfarbenem Wasser. Ein paar Palmen machen es zu dem perfekten Ort. Ich bleibe hier nur kurz, da es mir zu voll ist und fahre weiter zum Angels Billabong - einem Infinity-Naturpool. Je nach Wasserstand kann man hier in den Felsen im Pool schwimmen gehen und hat einen direkten Blick auf das Meer. Nachdem alle Reisebusse und Autos weg sind, bin ich ganz allein hier und genieße die Ruhe. Von hier erreicht man auch schnell die Broken Bay. Sie liegt direkt neben dem Angels Billabong und schon der Spaziergang dorthin lohnt sich.

Nach wenigen Tage verlasse ich die Insel und bin froh, allein mit dem Roller alles erkundet zu haben! Es gibt viele Orte, die ich sonst so nicht für mich entdeckt hätte.

Nicaragua

Ich bin in Costa Rica und habe eine der schönsten Reisen meines Lebens. Obwohl ich schon eine Weltreise von 1,5 Jahren gemacht habe, habe ich hier noch verstärkter das Gefühl frei zu sein und entscheiden zu können, wie es für mich weitergeht.

Ganz spontan schließe ich mich also einer Gruppe anderer Backpacker an, als sie mich fragen: „Wir machen uns auf nach Nicaragua, kommst du mit?" Nicaragua war so überhaupt nicht auf meiner Liste und ich weiß fast gar nichts über das Land. Dennoch sitze ich am nächsten Tag spontan im Bus und werde ein weiteres Land auf dieser Welt entdecken.

Natürlich führt es mich in den Küstenort San Juan del Sur, direkt am Meer gelegen, in dem ich viele weitere nette Menschen aus aller Welt kennenlerne.
Besonders viel Zeit verbringe ich mit drei Holländern, die jeweils allein Reisen, sich aber auch schnell gefunden haben. Zusammen beschließen wir, die nächsten Tage miteinander zu verbringen und fahren weiter zur Insel Ometepe. Diese ist sehr bekannt für ihren Vulkan und auch sonst gibt es viel zu sehen.

Auch hier kommt man am besten zu den Orten, wenn man mit dem Roller unterwegs ist. Fabian und ich sind die Einzigen, die fahren können und so kommt es, dass ich zum ersten Mal zu zweit auf einem Roller unterwegs bin. Was zuerst recht gewöhnungsbedürftig ist, ging nach wenigen Minuten supergut. Naomi vertraut mir da sehr und so können wir direkt zum *Waterhole,* einem wundervollen und glasklaren Naturpool, fahren. Hier kühlen wir uns ab und schupsen uns gegenseitig in das erfrischende Wasser.

Unser Ziel an diesem Tag ist Punta Jesús María, der beliebteste Ort auf der Insel für unbeschreibliche Sonnenuntergänge.

Nach dem wir uns den Weg herausgesucht haben, geht es auch schon los. Naomi springt auf meinen Roller und auch Fabian und TJ sausen mit ihrem Motorrad davon.

Es geht über kleine Straßen, bis wir links abbiegen müssen, um an die Stelle des Strandes zu gelangen, von der alle erzählen.

Die ersten Meter fahren wir problemlos, dann wird der Sand tiefer und der Roller rutscht immer wieder weg. „Naomi, wäre es ok, wenn du absteigst und neben mir herläufst? Ich möchte nicht verantworten, wenn wir beide hier gleich im Sand liegen." Zum Glück hat sie Verständnis, steigt lachend ab und findet es sehr amüsant, wie ich versuche geradeaus zu fahren. Die Spur, die ich zurücklasse, ist eher geschlängelt und nicht selten kippe ich gefährlich zur Seite. Nun geht es über Stock und Stein. Ich weiche Bäumen aus, bis wir Geräusche vieler Menschen vernehmen. Ich kann den Parkplatz schon sehen, als der Roller plötzlich ausgeht. „Was war das?", fragt Naomi mich. Ich weiß es gerade nicht und schiebe die letzten Meter, um zu parken. Fabian und TJ warten schon auf uns und hatten ebenfalls eine lustige Fahrt, wie sie uns berichten.

Punta Jesús María ist direkt am Meer und sehr bekannt, da sich eine Sandbank vom Strand viele Meter ins Wasser hinauszieht. Wenn man hier steht, hat man den Vulkan direkt hinter sich und kann sehr coole Fotos machen. (Meins kannst du hier im Buch sehen.)

Wir setzen uns anschließend in den Sand und erzählen uns etwas von den bisherigen Erlebnissen, die wir, getrennt voneinander, auf dieser Reise erlebt haben. Dabei geht die Sonne langsam unter und mit vielen anderen bewundern wir dieses Naturschauspiel. Es macht so Spaß da zu sitzen und zu sehen, was die Natur alles kann und für uns bereithält. Viel zu selten nehmen wir uns die Zeit, es zu beobachten und die kleinen Dinge im Leben zu schätzen.

Nachdem der Himmel orange leuchtet, machen wir uns zurück auf den Weg zum Parkplatz. Die meisten haben den Ort bereits verlassen. Ich setze mich auf meinen Roller und will starten, aber nichts passiert. „Oh no!“, denke ich. Ich probiere es mehrmals. „Fabian, kannst du mir mal helfen?“ Fabian versucht ebenfalls den Motor zum Laufen zu bringen, aber es rührt sich einfach nichts. Es wird immer dunkler und bald schon können wir kaum etwas sehen.

Die Einzigen, die jetzt noch da sind, sind eine Horde älterer, erwachsener, einheimischer Männer, die gut angetrunken alle auf einen Truck steigen. Bevor diese Chance auch verfliegt sprechen wir sie an. Mein Herz rast ganz schön, denn hier möchte ich heute Nacht nicht bleiben. Zum Glück sprechen TJ und Naomi spanisch und so können sie erklären, was los ist. Das ist natürlich die perfekte Aufgabe für eine Männergruppe. Einer nach dem anderen probiert sich aus, doch nichts geschieht. Sie geben auf.

Nach einigen Überlegungen bieten sie an, Naomi und mich samt Roller auf den Truck zu laden und mitzunehmen. Ganz wohl ist mir dabei nicht, zwei Frauen allein auf dem Truck. TJ und Fabian wollen sich schon auf den Weg machen, als ich TJ überreden kann, doch noch mit uns mit zu kommen. TJ gibt Fabian zur Sicherheit sein teures Kameraequipment mit auf das Motorrad. Ein wenig Angst scheint er um sein Hab und Gut auch zu haben.

Die Männer helfen uns den Roller auf dem Truck zu verstauen. Die Stimmung ist ausgelassen, ich verstehe kein Wort, doch mit TJ an unserer Seite fühle ich mich direkt wohler.

Sie fragen nach unserem Vermieter. Glücklicher Weise haben wir eine Visitenkarte bekommen und so rufen sie ihn kurzerhand an. Sie machen einen Treffpunkt aus und fahren uns nun auf die Straße. An einer Kirche unter einer Laterne setzen sie uns ab und versichern uns, dass der Vermieter mit einem neuen Roller bald kommt.

Wow, was für ein Glück. So langsam verfliegt auch mein anfänglich ungutes Gefühl und ich bin einfach nur dankbar. „Da kommt er!“, ruft Naomi und ja, kurz darauf sehen wir mehrere Männer auf Rollern. Einen der Roller bekommen wir und die Jungs kümmern sich gleich um den kaputten Fahruntersatz.

Auch hier bestätigt sich wieder *Fremde sind vielleicht Freunde, die wir heut' noch nicht kennen.*
Total erleichtert sammeln wir Fabian ein und fahren alle zurück in unsere Unterkunft. Das war ein ganz schönes Abenteuer, bei dem sich tausend Gedankengänge auftun. Mir ist auf Reisen noch nie etwas passiert und bis heute war mein Bauchgefühl mein treuester Begleiter.

Und ganz wichtig: wenn du Hilfe benötigst, dann frag danach! Ganz sicher, wird dir immer jemand helfen!

Funfact:
Als ich jetzt auf Bali war, habe ich zufällig über Social Media gesehen, dass TJ auch in der Nähe ist und so haben wir uns nach knapp 5 Jahren wiedergesehen. Es war so, als würde man sich schon ewig kennen. Reisen verbindet und oft trifft man Gleichgesinnte dort, wo sie hingehören: in der großen weiten Welt!

Carla Vollert ist eine weltenbummelnde Event Managerin. Sie reist für ihr Leben gern und hat schon sämtliche Jobs gekündigt, um die schönsten Länder dieser Welt zu entdecken.

Seit 2015 ist sie selbstständig und entscheidet nun frei, wo sie leben und arbeiten möchte. Ihre beiden Leidenschaften, das Event Management und das Reisen, hat sie miteinander vereint und 2016 die *Backpack Stories* gegründet. Unter dem Motto „Mit Rucksack los – mit Geschichten zurück!" startete sie ihr Herzensprojekt mit deutschlandweiten Reiseevents. Inzwischen begeistert sie ihre Community auch mit ihrem Podcast, mehreren Reisebüchern und Onlinevorträgen, die von den unterschiedlichsten Abenteurern und Weltenbummlern unterstützt werden.

Von Reisenden – für Reisende!

SCHLUSSWORT

Ich hoffe, dass dir diese schönen Abenteuer und Begegnungen gefallen haben und wünsche dir, dass du bald selbst welche erlebst.

Man weiß nie, was einen hinter der nächsten Ecke erwartet. Also geh mutig auf Fremde zu und greife nach jeder Chance, die sich dir bietet.

Wenn du magst, dann teile deine Erfahrungen doch als nächstes auf einem meiner Events, im Podcast, in den Büchern oder bei einem Online Reisevortrag. Schon jetzt freue ich mich auf das, was du zu berichten hast und wünsche dir safe travels!

Möchtest du mit mir deine Gedanken zu deinen Reisen oder diesem Buch teilen? Dann schreib mir gerne auf Instagram oder direkt an:

team@backpack-stories.de

DANKE

Als allerersten möchte ich natürlich meinen Co-Autoren von Herzen danken! Ohne euch gäbe es in diesem Buch viele leere Seiten. Ich freue mich, dass ihr so offen wart und eure persönlichen Geschichten in diesem Buch niedergeschrieben habt.

Ebenfalls möchte ich mich bei allen helfenden Händen bedanken. Besonders bei Jean, die sich um die Texte gekümmert und bei Malena, die diesem Buch dieses wunderschöne Cover geschenkt hat. Danke auch an meine lieben Freunde & Familie, die sich immer mit mir austauschen, um das Beste aus diesem Buch zu machen und mich unterstützen, wo es nur geht.

Das größte DANKESCHÖN geht allerdings an DICH! Du hast dieses Buch gekauft und das macht mich unfassbar glücklich, vielen Dank für dein Vertrauen!

Von uns allen steckt sehr viel Herzblut in diesem Projekt und ich hoffe, wir konnten dich damit begeistern.

Backpack Stories Events

Seit 2016 begeistern die deutschlandweiten *Backpack Stories Events* bereits die unterschiedlichsten Reisenden. Auf den Veranstaltungen berichten Weltenbummler von ihren Abenteuern und Erlebnissen. Sie nehmen das Publikum durch Fotos und Videos mit auf ihre Reisen. Die Bühne ist für jeden geöffnet, der Lust hat, seine Erfahrungen zu teilen. Getreu dem Motto: „Mit Rucksack los – mit Geschichten zurück!" gibt es für die Teilnehmer viel zu erleben.

Alle Eventtermine findest du unter:
www.backpack-stories.de/events

Backpack Stories Podcast

Da nicht immer alle reisebegeisterten Menschen an einem Ort sind, ist ergänzend der *Backpack Stories Podcast* entstanden. Hier interviewt Carla die Globetrotter zu den verschiedensten Themen, wie z. B. Work and Travel, Vanlife, Reisen mit Kindern und zu vielen unterschiedlichen Reisezielen. Ebenfalls teilt sie auf der virtuellen Bühne selbst ihre Geschichten und gibt dir Tipps und Tricks aus ihrem Erfahrungsschatz mit. Du findest den Podcast auf iTunes – lass doch gerne eine Bewertung da! Natürlich gibt es ihn auch in der Podcast-App deiner Wahl.

Alle Folgen, die Shownotes und die weiterführenden Links findest du unter:

www.backpack-stories.de/podcast

Backpack Stories TV
Online-Reisevorträge

Mit diesem neuen Format können Reiselustige, auch in Zeiten von Corona, die Welt entdecken und die unterschiedlichsten Abenteuer erleben. *Backpack Stories TV – von der Couch um die Welt!* ist eine Online Plattform, mit der Reisende bequem von Zuhause aus und für kleines Geld ihr Fernweh stillen können. Natürlich besteht diese Möglichkeit auch über die Reisebeschränkungen hieraus. Denn auch dann kann es zu Fernweh und regnerischen Abenden kommen, an denen ein spannendes, persönliches Reiseerlebnis richtig guttut. Als Zuschauer kommst du an die entlegensten Orte dieser Welt und musst dafür nicht mal eine aufwändige Reiseplanung machen.

Alle Vorträge findest du unter:
www.backpack-stories.de/tv

Backpack Stories Community

Carla hat online wie offline eine Reisecommunity geschaffen, die täglich wächst. Für deine Fragen und zum Austausch mit anderen Globetrottern trete doch gerne auch der Facebook-Gruppe bei:

www.facebook.com/groups/
backpack.stories.community

Backpack Stories auf Social Media

Carla freut sich immer auf den Austausch mit Gleichgesinnten und über Anmerkungen und Wünsche für die *Backpack Stories*. Folge ihr auf Instagram oder Facebook und lass gern eine Nachricht oder einen Kommentar da.

www.facebook.com/BackpackStoriesEvent

www.instagram.com/backpackstories.event

Mit Rucksack los – mit Geschichten zurück!

Was würdest du antworten, wenn ich dich nach deinem absoluten Reisehighlight – deiner Backpack Story – frage?

In diesem Buch findest du 12 spannende Reiseabenteuer, die genau diese Frage beantworten. Die schönsten Momente, die wir Autoren auf Reisen in den unterschiedlichsten Ländern erlebt haben.
Von Neuseeland bis Peru, von Südafrika bis zum Nordkap sind Augenblicke entstanden, die unvergesslich bleiben. Wir nehmen dich mit auf unsere Abenteuer und möchten dich ermutigen, mehr zu reisen und dir die Welt anzusehen. Die Erlebnisse könnten unterschiedlicher nicht sein. Wir reisen im Van, mit dem Bus, im Jeep oder per Flugzeug und erinnern uns mit dir an die Geschichte unseres Lebens!

www.backpack-stories.de/buch

Abenteuer Vanlife

11 Roadtrip-Geschichten über Fernweh, Freiheit und das Leben im Camper

Vanlife – der Inbegriff von Freiheit, Unabhängigkeit und Selbstbestimmtheit

Einfach in den Bulli oder Camper steigen und los geht's! Sich treiben lassen, fahren, wohin man möchte, bleiben, wo es einem gefällt. Unter dem schönsten Sternenhimmel einschlafen und vom sanften Rauschen der Wellen geweckt werden. Und dabei erkennen, wie wenig man braucht, um tatsächlich glücklich zu sein.

11 Reisende erzählen in diesem Buch ihre ganz persönliche Vanlife-Geschichte. Ob als Paar durch Südamerika, als alleinerziehende Mutter mit Kind in Portugal oder allein durch die Minusgrade Norwegens. Die Personen und ihre Erlebnisse könnten unterschiedlicher kaum sein, und doch eint sie alle dieselbe Sache: der unwiderstehliche Drang nach Freiheit.
(in Zusammenarbeit mit dem Wenn nicht Jetzt-Verlag)

www.backpack-stories.de/buch-vanlife

Reisefreundschaften von unterwegs

10 Abenteuergeschichten von Begegnungen,
Vertrauen & Mut auf Reisen

Wie oft bist du schon Menschen auf Reisen begegnet, bei denen du dir dachtest: „Danke, dass du in mein Leben getreten bist!"

In diesem Buch erzählen 10 Globetrotter von ihren Reisen, bei denen aus Fremden Freunde wurden. Von flüchtigen Bekanntschaften oder guten Gesprächen, die ihr Leben nachhaltig verändert haben. Von Abenteuern, die man plötzlich gemeinsam meistert und von unglaublicher Gastfreundschaft und Unterstützung in Notsituationen. Ihre Reiselust treibt sie durch Nord- und Südamerika, Asien, Europa, Ozeanien und Afrika. Ob beim Hitchhiken, im Vanlife mit Wohnmobil oder auf Weltreise beim Backpacking, haben sie Begegnungen erfahren, die den Weltenbummlern immer in Erinnerung bleiben werden. Sie möchten diese mit dir teilen und dich ermutigen, selbst loszugehen, dein Fernweh zu stillen und Freundschaften zu schließen.

www.backpack-stories.de/buch-reisefreundschaften

Backpack Stories Bücher

Einen Überblick über alle Bücher, jede einzelne Geschichte und mehr Infos zu den Autoren und wo du sie findest, erhältst du auf der Webseite.

Im Jahr 2020 sind noch viele weitere tolle Bücher geplant. Es geht um Abenteuer, Roadtrip-Geschichten, die Liebe, Freiheit, Natur-Erlebnisse, wundervolle Begegnungen und das Meer!

Wenn du wieder Lust auf neue Reiseinspiration hast, schau auf jeden Fall hier vorbei. Sobald ein neues Buch erscheint, steht es mit in der Übersicht!

www.backpack-stories.de/buecher

Printed in Poland
by Amazon Fulfillment
Poland Sp. z o.o., Wrocław

71987688R00117